Königs Fitness

Christiane Althoff

# Untersuchen und Gestalten

## Märchen, Sagen, Fabeln, Gedichte, szenische Texte und Sachtexte

**Klasse 5/6**

Bange Verlag

**Über die Autorin**

Christiane Althoff, geboren 1975, Studium der Sozialwissenschaften und der Germanistik an der Westfälischen Wilhelms-Universität in Münster, danach Referendariat am Studienseminar für die Sek.I/II in Essen, nach 8 Jahren Lehrtätigkeit an Gymnasien und Gesamtschulen arbeitete sie zwei Jahre in Masar-e-Sharif (Afghanistan) in der Lehrerfortbildung und ist seit 2011 wieder in Nordrhein-Westfalen im Schuldienst an einer Gesamtschule tätig.



4. Auflage 2017
ISBN 978-3-8044-1540-9

Lektorat: Michael Banse, Leipzig
Umschlaggestaltung: Steffen Schmidt
Illustrationen: Rosanna Pradella, Ludwigsburg
Herstellung: PER Medien+Marketing GmbH, Braunschweig
Druck und Weiterverarbeitung: Finidr, s. r. o., Český Těšín

# Inhalt


**Vorwort**

**Fitness-Einheit 1**
**Märchen untersuchen/nacherzählen**
Wissen . . . 7
Kurs . . . 10
Training . . . 14
Check . . . 18

**Fitness-Einheit 2**
**Sagen untersuchen**
Wissen . . . 23
Kurs . . . 24
Training . . . 28
Check . . . 31

**Fitness-Einheit 3**
**Einen inneren Monolog schreiben**
Wissen . . . 33
Kurs . . . 35
Training . . . 38
Check . . . 40

**Fitness-Einheit 4**
**Fantasiegeschichten schreiben**
Wissen . . . 42
Kurs . . . 44
Training . . . 49
Check . . . 53

**Fitness-Einheit 5**
**Fabeln untersuchen 1**
Wissen . . . 56
Kurs . . . 57
Training . . . 60
Check . . . 64

**Fitness-Einheit 6**
**Fabeln untersuchen 2**
Wissen . . . 66
Kurs . . . 68
Training . . . 70
Check . . . 74

**Fitness-Einheit 7**
**Einen szenischen Text schreiben**
Wissen . . . 76
Kurs . . . 77
Training . . . 82
Check . . . 86

**Fitness-Einheit 8**
**Gedichte untersuchen 1**
Wissen . . . 88
Kurs . . . 90
Training . . . 95
Check . . . 98

**Fitness-Einheit 9**
**Gedichte untersuchen 2**
Wissen . . . 102
Kurs . . . 104
Training . . . 107
Check . . . 112

**Fitness-Einheit 10**
**Sachtexte untersuchen**
Wissen . . . 115
Kurs . . . 118
Training . . . 122
Check . . . 125

**Lösungen**
Fitness-Einheit 1 . . . 127
Fitness-Einheit 2 . . . 130
Fitness-Einheit 3 . . . 133
Fitness-Einheit 4 . . . 135
Fitness-Einheit 5 . . . 138
Fitness-Einheit 6 . . . 141
Fitness-Einheit 7 . . . 143
Fitness-Einheit 8 . . . 146
Fitness-Einheit 9 . . . 149
Fitness-Einheit 10 . . . 153

# Vorwort

**Liebe Schülerin, lieber Schüler,**

mit diesem Buch kannst du dich **schnell und gezielt** auf die Arbeit mit Texten der fünften und sechsten Jahrgangsstufe vorbereiten. Du untersuchst **Märchen, Sagen, Fabeln, Gedichte, Sachtexte** und übst, wie **Nacherzählungen, innere Monologe, kleine Szenen, Fabeln** und **Gedichte** geschrieben werden. Somit wirst du fit für die Klassenarbeiten.

Die vorliegende Lernhilfe erleichtert dir also den **Zugang zu allen wichtigen Textformen**, so dass du möglichst **schnell Lernerfolge** bei dir feststellen kannst.

**Aufbau des Heftes**
Das Heft besteht aus zehn Fitness-Einheiten, jede Fitness-Einheit aus vier Teilen:
**Wissen, Kurs, Training, Check.**
Wenn du jede Einheit systematisch durcharbeitest, bekommst du eine **sichere Grundlage und ausreichende Kenntnisse**, um die Aufgaben zu lösen. Dazu brauchst du aber mehr Zeit als nur einen Nachmittag. Das Heft ist so aufgebaut, dass du dir den Stoff in wohldosierten Portionen selbst aneignen kannst. Die Seiten sind in zwei Spalten angelegt: links die Aufgaben, rechts das Material, mit dem gearbeitet wird. Das erleichtert dir die Übersicht.

**1. Wissen**: Hier erhältst du einen **Überblick über die wichtigsten Regeln** zu dem jeweiligen Themenblock. In welchen Bereichen bis du unsicher? Sieh dir dazu die Wissensseiten der Fitness-Einheiten an. So erhältst du einen raschen Überblick, was in der Einheit vermittelt und geübt wird. Je mehr unterschiedliche Aufgaben du kennenlernst, umso gelassener wirst du in Prüfungssituationen an die Bearbeitung auch schwieriger Aufgaben herangehen.

**2. Kurs:** In diesem Teil wird dir alles Schritt für Schritt vermittelt. Bearbeite am besten alle Aufgaben systematisch. Die Anordnung in zwei Spalten ermöglicht es dir aber auch, je nach deinem Kenntnisstand spezielle Aufgaben auszuwählen, mit denen du in der Schule immer wieder Schwierigkeiten hast. Andere, die keine Probleme bereiten, kannst du überspringen. Die Einheit muss also nicht immer nach der Reihenfolge der Aufgaben erarbeitet werden. Damit du dein Wissen festigst, empfehlen wir jedoch alle Übungen durchzuarbeiten.

**3. Training:** Hier kannst du dich noch intensiver mit dem jeweiligen Lernstoff auseinandersetzen und üben. Dabei ergibt es durchaus Sinn, die Aufgaben portionsweise durchzuarbeiten, entsprechend deinem Interesse, deinen eigenen Zielvorstellungen und den jeweils anstehenden Klassenarbeiten.

**4. Check:** Bei diesem abschließenden Überprüfungsteil merkst du schnell, ob du alles beherrschst und fit für die Klassenarbeit bist: Du kannst dein Wissen und Können hier testen. In der Tabelle am Schluss kannst du wie in einem Arbeitsprotokoll festhalten, welchen Lernstand du hast. Beantworte ehrlich, ob du das, was da steht, alles kannst. Wenn nicht, findest du Hinweise zum gezielten Wiederholen. Die Angabe Seite 110: A4 weist z. B. auf die Aufgabe 4 auf der Seite 110 hin.

So, und nun viel Erfolg beim Durcharbeiten!

# Vorwort an die Eltern

**Liebe Eltern,**

Ihr Kind hat Schwächen bei der Arbeit mit **Märchen-, Sagen-** und **Sachtexten,** bei der Analyse von **Fabeln** und **Gedichten**, beim Schreiben von **Nacherzählungen** und eigenen Texten, kurz: in den Textformen und Klassenarbeiten der fünften und sechsten Jahrgangsstufe. **Sie möchten** Ihrer Tochter oder Ihrem Sohn **gezielt helfen**, sich zu verbessern. In diesem Buch sind alle lehrplanrelevanten Themen und Aufgaben enthalten. So können Sie Ihr Kind optimal bei der Vorbereitung auf den Unterricht und auf Klassenarbeiten unterstützen.

Dieses Heft gliedert sich übersichtlich in zehn Fitness-Einheiten, die die Bereiche der Text- und Aufsatzformen behandeln. Die Konzeption des Heftes verfolgt dabei das Ziel, die in den **Bildungsstandards** beschriebenen **Fähigkeitsniveaus** zu berücksichtigen. Dabei werden die festgelegten **Kompetenzen** im Teil Check beschrieben. Aus dieser Liste am Schluss erfahren Sie, was Ihre Tochter oder Ihr Sohn können muss.

Praktisch können Sie in mehrfacher Weise mit dem Heft arbeiten:

**Gemeinsames Arbeiten mit dem Kind**
Sie können mit Ihrem Kind die gesamten Fitness-Einheiten gemeinsam durcharbeiten. Oder aber, Sie lassen, nach gemeinsamer Arbeit am Kursteil, Sohn oder Tochter den Trainingsteil selbstständig ausfüllen. Den Check machen Sie dann wieder gemeinsam.
Das Heft ist so angelegt, dass Sie je nach Lernstand und Fähigkeit Ihres Kindes den Lernstoff dosieren können. Dabei hilft Ihnen die Gliederung in Einheiten und jeweils in die vier Teile **Wissen, Kurs, Training** und **Check**. Außerdem ist das Heft Seite für Seite in zwei Spalten angelegt. Links die Aufgaben, rechts das Material, mit dem gearbeitet wird. Diese Anordnung ermöglicht es, je nach Kenntnisstand Ihres Kindes vorab individuell die speziellen Aufgaben auszuwählen, bei denen Ihr Sohn oder Ihre Tochter in der Schule immer wieder Schwächen zeigt. Andere, die keine Probleme bereiten, können übersprungen werden. Die Einheit muss also nicht immer nach der Reihenfolge der Aufgaben erarbeitet werden.
Der Zeitaufwand ist abhängig vom bereits vorhandenen Kenntnisstand und vom Grad der Auffassungsgabe Ihres Kindes. Bei großen Lücken sollte schon bis zu einer Stunde wiederholt und geübt werden. Aber zwei Nachmittage pro Woche reichen aus.

**Selbstständiges Arbeiten des Kindes**
Jede Einheit ist gleich aufgebaut. Somit ist es Ihrem Sohn oder Ihrer Tochter möglich, sich auch vollkommen selbstständig eine Einheit vorzunehmen und diese zu erarbeiten, ohne dass Sie dabeisitzen.

**Gezieltes Wiederholen**
Wenn Sie die Schwächen Ihres Kindes kennen, dann wählen Sie gezielt aus: spezielle Einheiten, bestimmte Aufgaben. Gliederung und Spaltenanordnung helfen dabei. So werden vorhandene Wissenslücken geschlossen oder Verständnisprobleme behoben.

**Der unterrichtsbegleitende Kurs**
Unterrichtsbegleitend können Sie die zehn Einheiten nach und nach bearbeiten lassen. Wenn Ihr Kind an zwei Nachmittagen pro Woche eine Einheit bearbeitet, durchläuft es einen Kurs ohne viel Aufwand. Idealerweise beginnen Sie dann am Anfang eines Halbjahres mit den Fitness-Einheiten.

Ihrem Kind und Ihnen wünschen wir also viel Spaß bei den Übungen, ein entspanntes Lernen und natürlich den angestrebten Erfolg.

# Wissen

Fitness-Einheit

# 1 Märchen untersuchen / nacherzählen

## Was ist ein Märchen?

Das Thema Märchen ist für dich sicher nicht neu. Du wirst daher in diesem Kapitel einiges wiedererkennen, was du schon weißt, aber sicherlich auch Vieles neu erfahren. Bevor du mit Hilfe von drei Märchen übst, findest du in dieser ersten Einheit die wichtigen Informationen.

### Merkmale eines Märchens

Was ist eigentlich ein Märchen und wie unterscheidet es sich von anderen Geschichten?

- In Märchen gehen die Wirklichkeit und eine Wunderwelt ineinander über, in Märchen ist nichts unmöglich, so unterhalten sich z. B. Tiere mit Menschen.

„Was hast du vor, Königstochter, du schreist ja, dass sich ein Stein erbarmen möchte.“ Sie sah sich um, woher die Stimme käme, da erblickte sie einen Frosch, der seinen dicken hässlichen Kopf aus dem Wasser streckte. „Ach, du bist's, alter Wasserpatscher“, sagte sie, „ich weine über meine goldene Kugel, die mir ins Wasser gefallen ist.“ (aus: Der Froschkönig)

- Der Ort und die Zeit der Handlung sind für den Leser unbekannt (irgendwo und irgendwann).

Vor einem großen Wald wohnte ein armer Holzhacker mit seiner Frau und seinen zwei Kindern; das Bübchen hieß Hänsel und das Mädchen Gretel. (aus: Hänsel und Gretel)

- Die Märchengestalten haben meistens keinen Namen.

Da sah der König seine Töchter kommen und fragte, ob der Soldat die Wahrheit gesagt hätte, und da sie sahen, dass sie verraten waren, so mussten sie alles eingestehen. Darauf fragte ihn der König, welche er zur Frau haben wollte. (aus: Die zertanzen Schuhe)

- Es gibt eine klare Trennung zwischen Gut und Böse. Dazwischen gibt es nichts. Das gilt auch für andere Gegensätze z. B. faul und fleißig oder arm und reich.

Eine Witwe hatte zwei Töchter, davon war die eine schön und fleißig, die andere hässlich und faul.“ (aus: Frau Holle)

- Am Anfang steht oft eine Notlage, die der Märchenheld mit einer Aufgabe (oft einer gefährlichen Prüfung) lösen muss.

Es war ein armer Bauersmann, der saß abends beim Herd und schürte das Feuer, und die Frau saß und spann. Da sprach er: „Wie ist's so traurig, dass wir keine Kinder haben! Es ist so still bei uns, und in den andern Häusern ist's so laut und lustig.“ (aus: Daumesdick)

- Am Ende siegt im Märchen immer das Gute. Es wird für sein Handeln belohnt, das Böse bestraft.

Von nun an getrauten sich die Räuber nicht weiter in das Haus, den vier Bremer Musikanten gefiel's aber wohl darin, dass sie nicht wieder heraus wollten. (aus: die Bremer Stadtmusikanten)

# Wissen

- Die Märchen wurden seit Jahrhunderten mündlich überliefert und erst spät aufgeschrieben, z. B. von den Brüdern Grimm.
- Weil eine Geschichte aus der Vergangenheit erzählt wird, stehen Märchen in der Regel im Präteritum.

**Eigenschaften von Märchenfiguren**

Oft treten in Märchen dieselben Figuren auf, z. B. eine Fee, Zwerge oder eine Hexe. Diese Figuren haben dann oft ganz bestimmte Fähigkeiten und Eigenschaften. Hier findest du einige dieser typischen Figuren, vielleicht fallen dir weitere ein:

| Märchenfigur | typische Eigenschaften |
|---|---|
| Hexe | böse, brutal, hinterlistig |
| König | ein gutmütiger alter Mann, der seine Tochter an seinen Nachfolger verheiraten möchte |
| zwei Töchter | ein Gegensatzpaar, eine schön und gut, die andere hässlich und garstig |
| zwei oder drei Brüder | einer ist der arme und einfältige „Dummling", der von dem/den anderen nicht ernst genommen wird |
| Prinz | ein verständnisvoller Mann, der keine Prinzessin heiraten will, sondern eine Frau, die er liebt |



Der Wolf drückte auf die Klinke, die Tür sprang auf, und er ging, ohne ein Wort zu sprechen, gerade zum Bett der Großmutter und verschluckte sie. (aus: Rotkäppchen)

Die Alte hatte sich nur so freundlich angestellt, sie war aber eine böse Hexe, die den Kindern auflauerte, und hatte das Brothäuslein bloß gebaut, um sie herbeizulocken. Wenn eins in ihre Gewalt kam, so machte sie es tot, kochte es und aß es, und das war ihr Festtag. (aus: Hänsel und Gretel)

Der König, der sein liebes Kind vor dem Unglück gerne bewahren wollte, ließ den Befehl ausgeben, dass alle Spindeln im ganzen Königreich verbrannt werden sollen. (aus: Dornröschen)

Das Mädchen erzählte alles, was ihm begegnet war, und als die Mutter hörte, wie es zu dem großen Reichtum gekommen war, wollte sie auch der andern hässlichen und faulen Tochter gerne dasselbe Glück verschaffen. (aus: Frau Holle)

Ein Vater hatte zwei Söhne, davon war der älteste klug und gescheit und wusste sich in alles wohl zu schicken, der jüngste aber war dumm, konnte nichts begreifen und lernen. (aus: Märchen von einem, der auszog, das Fürchten zu lernen)

Es geschah aber, dass ein Königssohn in den Wald geriet und zu dem Zwergenhaus kam, da zu übernachten. Er sah auf dem Berg den Sarg und das schöne Schneewittchen darin und las, was mit goldenen Buchstaben darauf geschrieben war. Da sprach er zu den Zwergen: „Lasst mir den Sarg, ich will euch geben, was ihr dafür wollt." (aus: Schneewittchen)

| Märchenfigur | typische Eigenschaften |
|---|---|
| Kobold, Gnom | ein hässlicher, kleiner Kerl, der Böses im Schilde führt |
| Zwerge | etwas naive Gestalten, die dem Guten helfen wollen (Helferfigur) |
| Fee | kann mit übernatürlichen Kräften Wünsche erfüllen |

„Heute back' ich, morgen brau' ich, übermorgen hol' ich der Königin ihr Kind; ach, wie gut, dass niemand weiß, dass ich Rumpelstilzchen heiß'!" (aus: Rumpelstilzchen)

Die Zwerglein, wie sie abends nach Hause kamen, fanden Schneewittchen auf der Erde liegen, und es ging kein Atem mehr aus seinem Mund, und es war tot. Sie hoben es auf, suchten, ob sie was Giftiges fänden, schnürten es auf, kämmten ihm die Haare, wuschen es mit Wasser und Wein, aber es half alles nichts; das liebe Kind war tot und blieb tot. (aus: Schneewittchen)

Da begegnete dem Mann im Wald eine Fee, sie sprach ihn an und sagte: „Du hast das Tier gerettet, ich möchte dir dafür drei Wünsche erfüllen." Der Mann sah die Fee nachdenklich an.

### Nacherzählen von Märchen

Für die Nacherzählung, egal ob man sie mündlich oder schriftlich macht, muss man bestimmte Regeln einhalten. Rechts findest du eine Reihenfolge nach der du immer vorgehen solltest.

### Fahrplan zum Nacherzählen

1. Vor der Nacherzählung teilt man sich das Märchen (am besten mit dem Bleistift im Text) in die Ausgangssituation (das Ereignis am Anfang), die Gefahren oder die Prüfung, die bestanden werden muss und das Ziel, mit dem am Ende die Mühe belohnt wird, ein.
2. Am Anfang erzählt man, wer das Märchen geschrieben hat und wie es heißt.
3. Dann erzählt man die drei Schritte (Anfang, Prüfung, Ende) in der Reihenfolge.
4. Wichtig ist, dass man mit eigenen Worten erzählt und nicht den Text vorliest.
5. Außerdem muss man darauf achten, dass man nichts Wichtiges weglässt, aber auch nichts erfindet, was nicht im Märchen steht.

# Kurs

Fitness-Einheit

## 1 Märchen untersuchen / nacherzählen

**1** Lies das Märchen „Die Bienenkönigin“ zunächst aufmerksam durch.

**2** Nimm dir nun einen Bleistift und teile das Märchen in Abschnitte: Wo findest du die Ausgangslage, wo die Prüfung und wo das Ende, in dem das Gute belohnt wird?

### Die Bienenkönigin

Zwei Königssöhne gingen einmal auf ein Abenteuer und gerieten in ein wildes, wüstes Leben, so dass sie gar nicht wieder nach Haus kamen. Der Jüngste, welcher der Dummling hieß, machte sich auf und suchte seine Brüder; aber wie er sie endlich fand, verspotteten sie ihn, dass er mit seiner Einfalt sich durch die Welt schlagen wollte, und sie zwei könnten nicht durchkommen und wären doch viel klüger. Sie zogen alle drei miteinander fort und kamen an einen Ameisenhaufen. Die zwei Ältesten wollten ihn aufwühlen und sehen, wie die kleinen Ameisen in der Angst herumkröchen und ihre Eier forttrügen, aber der Dummling sagte: „Lasst die Tiere in Frieden, ich leid's nicht, dass ihr sie stört.“ Da gingen sie weiter und kamen an einen See, auf dem schwammen viele, viele Enten. Die zwei Brüder wollten ein paar fangen und braten, aber der Dummling ließ es nicht zu und sprach: „Lasst die Tiere in Frieden, ich leid's nicht, dass ihr sie tötet.“ Endlich kamen sie an ein Bienennest, darin war so viel Honig, dass er am Stamm herunterlief. Die zwei wollten Feuer unter den Baum legen und die Bienen ersticken, damit sie den Honig wegnehmen könnten. Der Dummling hielt sie aber wieder ab und sprach: „Lasst die Tiere in Frieden, ich leid's nicht, dass ihr sie verbrennt.“ Endlich kamen die drei Brüder in ein Schloss, wo in den Ställen lauter steinerne Pferde standen, auch war kein Mensch zu sehen, und sie gingen durch alle Säle, bis sie vor eine Tür am Ende kamen, davor hingen drei Schlösser; es war aber mitten in der Tür ein Lädlein, dadurch konnte man in die Stube sehen. Da sahen sie ein graues Männchen, das an einem Tisch saß. Sie riefen es an, einmal, zweimal, aber es hörte nicht, endlich riefen sie zum dritten Mal, da stand es auf, öffnete die Schlösser und kam heraus. Es sprach aber kein Wort, sondern führte sie zu einem reichbesetzten Tisch, und als sie gegessen und getrunken hatten, brachte es einen jeglichen in sein eigenes Schlafgemach. Am anderen Morgen kam das graue Männchen zu dem Ältesten, winkte und leitete ihn zu einer steinernen Tafel, darauf standen drei Aufgaben geschrieben, wodurch das Schloss erlöst werden könnte. Die Erste war: In dem Wald unter dem Moos lagen die Perlen der Königstochter, tausend an der Zahl, die mussten aufgesucht werden, und wenn vor Sonnenuntergang noch eine Einzige fehlte, so ward der, welcher gesucht hatte, zu Stein. Der Älteste ging hin und suchte den ganzen Tag, als aber der Tag zu Ende war, hatte er erst hundert gefunden, es geschah, wie auf der Tafel stand, er ward in Stein verwandelt. Am folgenden Tag unternahm der zweite Bruder das Abenteuer, es ging ihm aber nicht viel besser als dem Ältesten, er fand nicht mehr als zweihundert Perlen und ward zu Stein. Endlich kam auch an den Dummling die Reihe, der suchte im Moos, es war aber so schwer, die Perlen zu finden, und es ging so langsam. Da setzte er sich auf einen Stein und weinte. Da kam der Ameisenkönig, dem er einmal das Leben erhalten hatte, mit fünftausend Ameisen, und es währte gar nicht lange, so hatten die kleinen Tiere die Perlen gefunden. Die zweite Aufgabe aber war, den Schlüssel zu der Schlafkammer der Königstochter aus der See zu holen. Wie der Dummling zur See kam, schwammen die Enten, die er einmal gerettet hatte, heran, tauchten unter und holten den Schlüssel aus der Tiefe. Die dritte Aufgabe aber war die schwerste, aus den drei schlafenden Töchtern des Königs sollte die Jüngste und Liebste herausgesucht werden. Sie glichen sich aber vollkommen und waren durch nichts verschieden, als dass sie, bevor sie eingeschlafen waren, verschiedene Süßigkeiten gegessen hatten, die Älteste ein Stück Zucker, die Zweite ein wenig Sirup, die Jüngste einen Löffel voll Honig. Da kam die Bienenkönigin von den Bienen, die der Dummling vor dem Feuer geschützt hatte, und versuchte den Mund von allen dreien; zuletzt blieb sie auf dem Mund sitzen, der Honig gegessen hatte, und so erkannte der Königssohn die Rechte. Da war der Zauber vorbei, alles war aus dem Schlaf erlöst, und wer von Stein war, erhielt seine menschliche Gestalt wieder. Und der Dummling vermählte sich mit der Jüngsten und Liebsten und ward König nach ihres Vaters Tod; seine zwei Brüder aber erhielten die beiden andern Schwestern.

Aus: Die Märchen der Brüder Grimm. Mit 100 Bildern von Ruth Koser-Michaels. Knaur Verlag. München 2003. S. 396 f.

**3 Untersuche die Handlung: Beschreibe die Situation der Brüder am Anfang. Wie ergeht es ihnen am Ende?**

Fitness-Einheit

# Kurs 1 Märchen untersuchen / nacherzählen

**4** Schau dir die typischen Merkmale aus dem Wissensteil an. Welche findest du in der „Bienenkönigin" wieder? Schreibe das Merkmal in die Tabelle.

| Merkmal eines Märchens | Wo findet sich dieses Merkmal in der „Bienenkönigin"? |
|---|---|
| Wirklichkeit und Wunderwelt gehen ineinander über | |
| | die einzige Zeitangabe ist das Wort „einmal"; auch der Ort wird dem Leser nicht genannt |
| | |
| | |
| | |
| | |

**5** Fülle die rechts stehende Tabelle für die Figuren aus.

| Märchenfigur | Eigenschaften |
|---|---|
| drei Brüder, einer heißt „Dummling" | |
| | |
| | |
| | |
| | |
| | |
| | |

**6 a)** In Aufgabe 2 hast du das Märchen in Abschnitte geteilt. Notiere nun zu jedem Abschnitt eine Überschrift. (Diese Überschriften helfen dir bei Aufgabe 6b, sie geben dir nämlich die Handlungsschritte, die du erzählen musst, vor.)

**b)** Schreibe deine Nacherzählung nun auf. Hast du daran gedacht, im Präteritum und mit eigenen Worten zu schreiben?

**7** Märchen haben manchmal eine Aussage/eine Moral, also etwas, das der Leser aus der Geschichte lernen soll. Dies wird aber im Märchen nicht offen gesagt. Wie könnte diese Moral in diesem Märchen lauten?

1 Lies das Märchen „Der standhaft Zinnsoldat“ zunächst aufmerksam durch.

2 Nimm dir nun einen Bleistift und teile das Märchen in Abschnitte.

3 Untersuche das Aussehen des Zinnsoldaten: Wie sieht er in den einzelnen Phasen der Handlung aus?

4 Schau dir die typischen Merkmale eines Märchens aus dem Wissensteil nochmals an.

a) Welche findest du hier wieder? Belege dies jeweils auch mit einem Zitat aus dem Märchen.

b) Achtung: Es gibt auch einige Merkmale, die dieses Märchen nicht enthält. Welche sind das?

______________________________

______________________________

______________________________

______________________________

______________________________

______________________________

______________________________

______________________________

______________________________

______________________________

______________________________

______________________________

______________________________

______________________________

**Der standhafte Zinnsoldat**

Es waren einmal fünfundzwanzig Zinnsoldaten, die waren alle Brüder, denn sie waren aus einem alten zinnernen Löffel gemacht worden. Das Gewehr hielten sie im Arm und das Gesicht geradeaus; rot und blau, überaus herrlich war die Uniform; das Allererste, was sie in dieser Welt hörten, als der Deckel von der Schachtel genommen wurde, in der sie lagen, war das Wort „Zinnsoldaten!“. Das rief ein kleiner Knabe und klatschte in die Hände; er hatte sie erhalten, denn es war sein Geburtstag, und er stellte sie nun auf dem Tische auf. Der eine Soldat glich dem andern leibhaft, nur ein Einziger war etwas anders; er hatte nur ein Bein, denn er war zuletzt gegossen worden, und da war nicht mehr genug Zinn da; doch stand er ebenso fest auf seinem einen Bein wie die andern auf ihren zweien, und gerade er war es, der sich bemerkbar machte.

Auf dem Tisch, auf dem sie aufgestellt wurden, stand vieles andere Spielzeug; aber das, was am meisten in die Augen fiel, war ein niedliches Schloss von Papier; durch die kleinen Fenster konnte man gerade in die Säle hineinsehen. Draußen vor ihm standen kleine Bäume rings um einen kleinen Spiegel, der wie ein kleiner See aussehen sollte. Schwäne von Wachs schwammen darauf und spiegelten sich. Das war alles niedlich, aber das Niedlichste war doch ein kleines Mädchen, das mitten in der offenen Schlosstür stand; sie war auch aus Papier ausgeschnitten, aber sie hatte ein schönes Kleid und ein kleines, schmales, blaues Band über den Schultern, gerade wie eine Schärpe; mitten in diesem saß ein glänzender Stern, gerade so groß wie ihr Gesicht.

Das kleine Mädchen streckte seine beiden Arme aus, denn es war eine Tänzerin, und dann hob es das eine Bein so hoch empor, dass der Zinnsoldat es durchaus nicht finden konnte und glaubte, dass es gerade wie er nur ein Bein habe.

„Das wäre eine Frau für mich“, dachte er, „aber sie ist etwas vornehm, sie wohnt in einem Schloss, ich habe nur eine Schachtel, und da sind wir fünfundzwanzig darin, das ist kein Ort für sie, och ich muss versuchen, Bekanntschaft mit ihr anzuknüpfen!“ Und dann legte er sich, so lang er war, hinter eine Schnupftabakdose, die auf dem Tische stand. Da konnte er recht die kleine, feine Dame betrachten, die fortfuhr auf einem Bein zu stehen, ohne umzufallen.

Als es Abend wurde, kamen alle die andern Zinnsoldaten in ihre Schachtel, und die Leute im Hause gingen zu

Bette. Nun fing das Spielzeug an zu spielen, sowohl „Es kommt Besuch!“ als auch „Krieg führen“ und „Ball geben“; die Zinnsoldaten rasselten in der Schachtel, denn sie wollten mit dabei sein, aber sie konnten den Deckel nicht aufheben. Der Nussknacker schlug Purzelbäume, und der Griffel belustigte sich auf der Tafel; es war ein Lärm, dass der Kanarienvogel davon erwachte und anfing mitzusprechen, und zwar in Versen. Die beiden Einzigen, die sich nicht von der Stelle bewegten, waren der Zinnsoldat und die Tänzerin; sie hielt sich gerade auf der Zehenspitze und beide Arme ausgestreckt; er war ebenso standhaft auf seinem einen Bein; seine Augen wandte er keinen Augenblick von ihr weg. Nun schlug die Uhr zwölf, und klatsch, da sprang der Deckel von der Schnupftabakdose auf, aber da war kein Tabak darin, nein, sondern ein kleiner, schwarzer Kobold.

Das war ein Kunststück! „Zinnsoldat“, sagte der Kobold, „halte deine Augen im Zaum!“ Aber der Zinnsoldat tat, als ob er es nicht hörte. „Ja, warte nur bis morgen!“, sagte der Kobold.

Als es nun Morgen wurde und die Kinder aufstanden, wurde der Zinnsoldat in das Fenster gestellt, und war es nun der Kobold oder der Zugwind, auf einmal flog das Fenster zu, und der Soldat stürzte drei Stockwerke tief hinunter. Das war eine erschreckliche Fahrt. Er streckte das Bein gerade in die Höhe und blieb auf der Helmspitze mit dem Bajonett abwärts zwischen den Pflastersteinen stecken.

Das Dienstmädchen und der kleine Knabe kamen sogleich herunter, um zu suchen; aber obgleich sie nahe daran waren, auf ihn zu treten, so konnten sie ihn doch nicht erblicken. Hätte der Zinnsoldat gerufen: „Hier bin ich!“, so hätten sie ihn wohl gefunden, aber er fand es nicht passend, laut zu schreien, weil er in Uniform war.

Nun fing es an zu regnen; die Tropfen fielen immer dichter, es ward ein ordentlicher Platzregen; als der zu Ende war, kamen zwei Straßenjungen vorbei. „Sieh du!“, sagte der eine, „da liegt ein Zinnsoldat! Der soll hinaus und segeln!“

Sie machten ein Boot aus einer Zeitung, setzten den Soldaten mitten hinein, und nun segelte er den Rinnstein hinunter; beide Knaben liefen nebenher und klatschten in die Hände. Was schlugen da die Wellen in dem Rinnstein, und welcher Strom war da! Ja, der Regen hatte aber auch geströmt. Das Papierboot schaukelte auf und nieder, mitunter drehte es sich so geschwind, dass der Zinnsoldat bebte; aber er blieb standhaft, verzog keine Miene, sah geradeaus und hielt das Gewehr im Arm.

Mit einem Male trieb das Boot unter eine lange Rinnsteinbrücke; da wurde es gerade so dunkel, als wäre er in seiner Schachtel. „Wohin mag ich nun kommen?“ dachte er. „Ja, ja, das ist es Kobolds Schuld! Ach, säße doch das kleine Mädchen hier im Boote, da könnte es meinetwegen noch einmal so dunkel sein!“

Da kam plötzlich eine große Wasserratte, die unter der Rinnsteinbrücke wohnte. „Hast du einen Pass!“, fragte die Ratte. „Her mit dem Pass!“ Aber der Zinnsoldat schwieg still und hielt das Gewehr noch fester. Das Boot fuhr davon und die Ratte hinterher. Hu, wie fletschte sie die Zähne und rief den Holzspänen und dem Stroh zu: „Halt auf! Halt auf! Er hat keinen Zoll bezahlt; und er hat den Pass nicht gezeigt!“

Aber die Strömung war stärker und stärker! Der Zinnsoldat konnte schon da, wo das Brett aufhörte, den hellen Tag erblicken, aber er hörte auch einen brausenden Ton, der wohl einen tapfern Mann erschrecken konnte. Denkt nur, der Rinnstein stürzte, wo die Brücke endete, gerade hinaus in einen großen Kanal; das würde für den armen Zinnsoldaten ebenso gefährlich gewesen sein wie für uns, einen großen Wasserfall hinunterzufahren!

Nun war er schon so nahe dabei, dass er nicht mehr anhalten konnte. Das Boot fuhr hinaus, der Zinnsoldat hielt sich so steif, wie er konnte; niemand sollte ihm nachsagen, dass er mit den Augen blinke. Das Boot schnurrte drei-, viermal herum und war bis zum Rande mit Wasser gefüllt, es musste sinken. Der Zinnsoldat stand bis zum Halse im Wasser, und tiefer und tiefer sank das Boot, mehr und mehr löste das Papier sich auf; nun ging das Wasser über des Soldaten Kopf. Da dachte er an die kleine, niedliche Tänzerin, die er nie mehr zu Gesicht bekommen sollte, und es klang vor des Zinnsoldaten Ohren das Lied: „Fahre, fahre Kriegsmann! Den Tod musst du erleiden!“

Nun ging das Papier entzwei, und der Zinnsoldat stürzte hindurch, wurde aber augenblicklich von einem großen Fisch verschlungen. Wie war es dunkel da drinnen!

Da war es noch schlimmer als unter der Rinnsteinbrücke, und dann war es so sehr eng; aber der Zinnsoldat war standhaft und lag, so lang er war mit dem Gewehr im Arm.

Der Fisch fuhr umher, er machte die allerschrecklichsten Bewegungen; endlich wurde er ganz still, es fuhr wie ein Blitzstrahl durch ihn hin. Das Licht schien ganz klar, und jemand rief laut: „Der Zinnsoldat!“ Der Fisch war gefangen worden, auf den Markt gebracht, verkauft und in die Küche hinaufgekommen, wo die Köchin ihn mit einem großen Messer aufschnitt. Sie nahm mit zwei Fingern den Soldaten mitten um den Leib und trug ihn in die Stube hinein, wo alle den merkwürdigen Mann sehen wollten, der im Magen eines Fisches hergereist war; aber der Zinnsoldat war gar nicht stolz. Sie stellten ihn auf den Tisch und da – wie sonderbar kann es doch in der Welt zugehen! Der Zinnsoldat war in derselben Stube, in der er früher gewesen war, er sah dieselben Kinder, und das gleiche Spielzeug stand auf dem Tische, dass herrliche Schloss mit der niedlichen, kleinen Tänzerin. Die hielt sich noch auf dem einen Bein und hatte das andere hoch in der Luft, sie war auch standhaft. Das rührte den Zinnsoldaten, er war nahe daran, Zinn zu weinen, aber es schickte sich nicht. Er sah sie an, aber sie sagten gar nichts.

Da nahm der eine der kleinen Knaben den Soldaten und warf ihn gerade in den Ofen, obwohl er gar keinen Grund dafür hatte; es war sicher der Kobold in der Dose, der schuld daran war.

Der Zinnsoldat stand ganz beleuchtet da und fühlte eine Hitze, die erschrecklich war; aber ob sie von dem wirklichen Feuer oder von der Liebe herrührte, das wusste er nicht. Die Farben waren ganz von ihm abgegangen – ob das auf der Reise geschehen war oder ob der Kummer daran schuld war, konnte niemand sagen. Er sah das kleine Mädchen an, sie blickte ihn an, und er fühlte, dass er schmelze, aber noch stand er standhaft mit dem Gewehre im Arm. Da ging eine Tür auf, der Wind ergriff die Tänzerin, und sie flog, einer Sylphide [weiblicher Luftgeist] gleich, gerade in den Ofen zum Zinnsoldaten, loderte in Flammen auf und war verschwunden. Da schmolz der Zinnsoldat zu einem Klumpen, und als das Mädchen am folgenden Tage die Asche herausnahm, fand sie ihn als kleines Zinnherz; von der Tänzerin war nur der Stern noch da, und er war kohlenschwarz gebrannt.

Aus: Andersens Märchen. Mit den Illustrationen von Ruth Köser-Michaels. Knaur Verlag. München 2003. S. 22–27.

**5 a)** „Der standhafte Zinnsoldat" ist kein Märchen mit den typischen Figuren, die du im Teil Wissen und im Kurs kennengelernt hast. Welche Figuren kommen in diesem Märchen vor? Fülle die Tabelle mit Figuren und ihren Eigenschaften aus.

**b)** Fertige eine Nacherzählung an. Benutze ein Extrablatt.

| Märchenfigur | Eigenschaften |
|---|---|
| | |
| | |
| | |
| | |

1 **Lies das Märchen aufmerksam durch. Woran erkennst du, dass es sich um ein Märchen handelt?**

2 **Es handelt sich bei „Ali Baba und die vierzig Räuber“ um eine Märchen aus 1001 Nacht, also aus den arabischen Ländern. Woran kann man das im Text erkennen? Nutze die Randspalte für Notizen.**

3 **Welche Charaktereigenschaften hat Ali Baba, welche hat Kasim? Nutze die Randspalte für Notizen.**

## Die Geschichte von Ali Baba und den vierzig Räubern

Es lebten einst in einer Stadt in Persien zwei Brüder, von denen der eine Kasim hieß und der andere Ali Baba. Als es Allah gefiel, ihren guten Vater abzuberufen von dieser Erde, teilten sie, was er ihnen hinterließ, gerecht in zwei Teile. Es war dies freilich wenig, doch hätten sie es zusammengehalten und fleißig gemehrt, so wäre es zur Grundlage eines zwar nicht reichen, doch auch nicht ärmlichen Lebens geworden. Nun waren aber beide Brüder ein wenig leichtsinnig von Natur. Sie träumten von Reichtum, Glanz und gutem Leben, und dieweil sie das taten, verschwendeten sie ihr Erbteil und wurden arm.

Kasim, der Entschlossenere und Gierigere von beiden, wollte nun das Glück erzwingen und heiratete ein dickes Mädchen, das reich war; bald darauf starb des Mädchens Vater, ein Kaufmann, und da sah er sich im Besitz beträchtlicher irdischer Güter. So schien ihm alles nach Wunsch zu gehen. Doch statt sich hinfort seines Lebens zu freuen, plagte ihn arg die Angst vor neuer Armut, und so wurde er geizig.

Anders war Ali Baba. Er tat nichts, das Glück zu zwingen, und hatte es schwer. Aber er war heiteren Herzens und guter Gesinnung. Auch er vermählte sich, doch war dies ein Mädchen, anmutig von Gestalt und angenehmen Wesens, das noch ärmer war als er. So hausten denn die beiden in einer erbärmlichen Hütte, und Ali Baba verdiente sich sein kümmerliches Brot, indem er Feuerholz verkaufte, das er in den Wäldern schlug und sammelte und auf seinem Esel zu Markte trug. Doch er blieb fröhlich und ein wenig verträumt, wie er immer gewesen war, und fest überzeugt, es würde einmal ein Wunder geschehen, das seine Wünsche erfüllte. Nicht sehr tüchtig also, doch guten Mutes, das Herz von Träumen genährt, zog er mit seinem Esel über die einsamen Waldwege und staubigen Straßen.

Es begab sich aber eines Tages, dass er auf seinem Waldgang von ferne Reiter gewahrte, die in scharfem Trab herankamen und schwer bewaffnet waren. Ali Baba erschrak, denn er fürchtete, es könnten Räuber sein; allerlei Banden nämlich trieben damals in jener Gegend ihr Wesen. Verwegen waren sie und scheuten weder Tod noch Teufel; es begann aber bei ihnen mit Diebstahl und endete mit Mord. Da Ali Baba mit seinem Esel keine Möglichkeit der Flucht mehr sah, trieb er das Tier hinter ein Gebüsch und erkletterte einen dicken Baum, um sich in seinen Zweigen zu verstecken. Er setzte sich auf einen

Ast, von dem aus er gute Sicht hatte, während ihn von unten niemand zu erblicken vermochte.

Neben diesem Baum ragte ein Felsen auf, und er türmte sich hoch empor über die Wipfel des Waldes. Als nun die Reiter, kräftige und behände Männer, den Felsen erreichten, machten sie Halt und sprangen von den Pferden. Ali Baba betrachtete sie von seiner luftigen Höhe wie ein Vogel, der aus dem Nest späht, und er schloss aus ihrem Gebaren und ihrem verwilderten Aussehen, dass es wirklich Räuber waren, die wahrscheinlich eine Karawane überfallen hatten und nun ihre Beute brachten, um sie in einem Versteck zu bergen. Es waren aber vierzig an der Zahl. Ein jeder von ihnen fesselte zuerst sein Pferd, indem er ihm die Vorderfüße zusammenband. Dann nahmen die Räuber die Satteltaschen ab, und Ali Baba sah, dass sie gefüllt waren mit Gold und Silber.

Und einer der Räuber, der ihr Hauptmann zu sein schien, schritt mit seiner Last auf der Schulter zur Felswand, drang durch die Dornen und Büsche bis zu einer bestimmten Stelle und rief die seltsamen Worte: „Sesam, öffne dich!“

Im selben Augenblick aber schien im Gestein ein Tor. Und die Räuber traten hindurch, und als auch der Hauptmann, der als Letzter hineinging, verschwunden war, schloss sich hinter ihm wie von selber die Pforte.

Lange blieben die Räuber in der Höhle, während Ali Baba weiter auf seinem Ast saß, denn er fürchtete, dass gerade, wenn er hinabstieg, die Bande wieder zum Vorschein kommen und ihn erschlagen würde. Als er aber endlich den Entschluss gefasst hatte, hinabzuklettern, sich auf eines der Pferde zu schwingen, seinen Esel mitzuzerren und davonzugaloppieren, siehe, da tat das Tor sich auf.

Als Erster trat der Hauptmann heraus, blieb am Eingang stehen, zählte seine Leute, die einzeln herauskamen, und rief dann die Zauberworte: „Sesam, schließe dich!“

Und das Tor schloss sich. Noch einmal nahm er die Musterung seiner Leute vor, dann schirrten sie die Satteltaschen an, entfesselten die Pferde, saßen auf und ritten von dannen, wie sie gekommen waren. Als sie Ali Babas Augen entschwunden waren und keine Gefahr mehr bestand, dass einer von ihnen zurückkehrte, bedachte er alles und sprach bei sich in seiner Seele: „Einer sonderbaren Sache bin ich da auf die Spur gekommen! Vielleicht ist dies die Gelegenheit, auf die ich immer gewartet habe. Denn in geheimnisvollen Zusammenhängen schiene ich geraten, und wenn die Höhle sich öffnete durch des Banditen Zauberwort – wer weiß, ob sie sich nicht auch vor mir auftut, wenn ich jenes Schlüsselwort spreche!" Und er stieg herab, trat vor die Felsenwand und rief mit lauter Stimme: „Sesam, öffne dich!"

Und das Tor flog auf, und er trat in die Höhle der Räuber. Es war dies aber eine seltsame Höhle, mächtig gewölbt und beleuchtet von einem Licht, das aus der Wand zu kommen schien und für Ali Baba ein Rätsel blieb. Auch blieb ihm verborgen, auf welche Weise sich die Felswand bewegte und wie sich das Tor zu öffnen und zu schließen vermochte. Und Ali Baba wunderte sich bis an die Grenze der Verwunderung. Doch nicht einer Zaubergrotte glich der Raum, sondern einem von Menschenhand kunstvoll erbauten Saal.

Es lagerten gewaltige Lasten von kostbaren Tuchen und Teppichen, Ballen von Brokat und leuchtender Seide und Barren von Silber und Gefäße von Gold. Da gab es in ledernen Beuteln und hölzernen Truhen Diamanten und Perlen, da waren Töpfe und Krüge mit goldenen Münzen gefüllt, und es glänzte und glitzerte edles Geschmeide, Gemmen und Elfenbein, Ambra und Aloe, Safran und Sandelholz, Smaragd und Saphir, Amethyst und Türkis, Hyazinth und rote Korallen.

Und es war kein Ende der funkelnden Schätze. Ali Baba dachte bei sich, es müssten hier Generationen von Dieben und ganze Geschlechter von Räubern ihre Beute gehäuft und gestapelt haben, zu unausdenkbarem Reichtum.

Als Ali Baba alles gesehen hatte, da sprach er bei sich in seiner Seele: „O Allah, erleuchte mein verwirrtes Herz! Ehrlich war ich mein Leben lang und nie nahm ich auch nur ein Kupferstück, nur ein Steinchen, ach, nur ein Federchen, das mir nicht zukam. Doch ist es denn Diebstahl, den Dieben zu stehlen, und ist es Raub, den Räubern zu rauben? Diese Banditen werden gar nicht merken, wenn etwas fehlt, mir aber und meiner Frau wird schon ein kleines Beutelchen zu einem Leben in Frieden und Freuden verhelfen. Und wenn sie doch etwas merken, so sollen sie nur erfahren, dass unrechtes Gut von Übel ist und jedweder Räuber seinen Raum verliert über kurz oder lang, denn so will es Allah. Wie aber steht es dann mit mir? Und an wem bereichere ich mich?"

Dann sagte er sich: „Reichen Leuten, das ist gewiss, wurde dies alles gestohlen. Wenn sie es jemals wieder bekommen, nun, dann könnten sie schon ein wenig den Armen spenden, wie ich einer bin. Bekommen sie es aber nicht zurück, wie es sehr wahrscheinlich ist – nun, dann schadet es wohl nichts, ein wenig die Diebe zu schädigen. Ich kann es besser brauchen als sie."

Und er beschloss, nicht gar zu viel zu nehmen und auch der Edelsteine, Diademe und Schmuckstücke nicht zu achten. Doch einen Sack voll Goldmünzen lud er sich auf, rief: „Sesam, öffne dich!", trat durch die Pforte, rief: „Sesam, schließe dich!" und bepackte den Esel mit dem ledernen Sack voll Gold. Er häufte darüber Reiser und trockenes Holz, trieb seinen Esel und ging durch den Wald, bis er in die Stadt kam und sein Haus erreichte.

(...) *Durch einen unglücklichen Umstand erfährt auch Ali Babas Bruder Kasim von der Höhle. Er ist vergisst allerdings vor lauter Freude über den Reichtum in der Höhle die Zauberworte, um sie verlassen zu können. So wird er von den Räubern erwischt und getötet. Seine Frau Mardschana – nun Witwe – zieht zu Ali Baba.*

*Die Räuber finden mit einer List heraus, woher Kasim von der Höhle wusste, und wollen nun auch Ali Baba töten. Dazu schleicht sich der Hauptmann als Geschäftsmann verkleidet in Ali Babas Haus. In den Ölkrügen, die er angeblich bei sich hat, haben sich die Räuber versteckt, um Ali Baba nachts heimlich zu ermorden.*

„Ach", sagte Mardschana, „es ist dies eine sonderbare Nacht, und mein Herz ist so finster wie das Haus. Ich ging umher, um Öl zu suchen, denn die Lampen sind leer." Und sie seufzte. Da sagte Ali Babas Frau: „Was regst du dich so auf darum? Im Stall stehen Ölkrüge genug, nimm dir davon, was du brauchst, und bezahle es unserm Gast morgen in der Früh."

Mardschana dankte ihr für den Rat und wünschte eine gute Nacht, und Ali Babas Frau legte sich nieder und versuchte zu schlafen. Es waren aber beide Frauen voll Furcht, und keine von beiden wusste, warum. Während also Ali Baba schlief, seine Frau sich auf ihrem Lager wälzte und der Hauptmann, die Hand am Dolche, lauerte, dass die Zeit verging, trat Mardschana in den Stall, wo die Krüge standen. Als sie aber an das erste Gefäß herankam, hörte der Räuber, der darin verborgen war, die nahenden Schritte und glaubte, es sei der Hauptmann, auf den sie alle angespannt warteten, und er konnte sich nicht beherrschen und flüsterte: „Ist es so weit, dass wir herauskommen können?"

Als Mardschana unvermutet eine menschliche Stimme aus dem Kruge hörte, fuhr ihr ein heftiger Schreck in die Glieder; doch da sie nicht allein mutig und kaltblütig war, sondern auch schlagfertig, erwiderte sie sogleich im Flüsterton: „Nein, bleib noch! Es ist noch nicht so weit!“ Und sie stand und zitterte ein wenig und dachte nach.

(...)

*Mardschana durchschaut, dass sich in den Krügen die Räuber versteckt halten. Brutal gießt sie in jeden Krug heißes Öl und tötet somit alle 40 Räuber. Der Hauptmann flüchtet, als er dies bemerkt. Als er mit einer weiteren List Ali Baba töten will, kommt auch er ums Leben. Ali Baba beschließt, die Höhle der Räuber nicht auszuräumen, sondern den Schatz liegen zu lassen. Er hat erkannt, wie viel Unglück der Schatz nur mit sich gebracht hat.*

Aus: „Die Geschichte von Ali Baba und den vierzig Räubern“. In: Märchen aus 1001 Nacht. Mit den Illustrationen von Ruth und Martin Köser-Michaels. Knaur Verlag. München 2002. S. 234–281.

4 **Erzähle den ersten Teil des Märchens (bis Ali Baba mit dem Schatz nach Hause kommt) in eigenen Worten nach.**

| Was ich kann. Meine Kompetenzen | Ja. | Nein, nochmals üben ab | |
|---|---|---|---|
| Den typischen Aufbau eines Märchens erkennen. | | | Seite 7; 10: A 2; 14: A 2 |
| Die Merkmale der Textsorte Märchen benennen. | | | Seite 7; 12: A 4; 18: A 3 |
| Die Merkmale mit Textbelegen nachweisen. | | | Seite 7 f.; 14: A 4; 18: A 2 |
| Typische Figuren, die im Märchen auftreten können. | | | Seite 8 f. |
| Die Eigenschaften, die den Figuren zugeschrieben werden, kennen. | | | Seite 8 f.; 12: A 5; 17: A 5; 18: A 3 |
| Ein Märchen in Abschnitte gliedern und diesen Überschriften geben. | | | Seite 9; 13: A 6a |
| Eine Nacherzählung zu einem Märchen schreiben. | | | Seite 9; 13: A 6b; 17: A 5b; s. o. A 4 |

## Was ist eine Sage?

Hier eine Definition aus einem Schülerlexikon:
**Sage, die** (*Plural* die Sagen): Sagen sind erzählende Prosatexte, die – wie Märchen – zunächst nur mündlich verbreitet waren, bis sie schließlich schriftlich gesammelt wurden. Die erste große Sammlung ist im 19. Jahrhundert unter dem Titel Deutsche Sagen von den Brüdern Jacob und Wilhelm Grimm erstellt worden.

Häufig haben Sagen einen geschichtlich wahren Kern (bestimmte Orte, Personen oder Begebenheiten werden benannt), doch die Ausschmückungen sind frei erfunden und können bis hinein ins Märchenhafte gehen.

**Beispiele für historische Sagen**

„Der Rattenfänger von Hameln"

Die Irrfahrt des Odysseus

Die „Ilias", die Sagen rund um die Trojanischen Kriege (u. a. die Sage zum Trojanischen Pferd)

Die wichtigsten Sagenformen sind historische Sagen, die sich um ein bestimmtes geschichtliches Ereignis drehen, Götter- und Heldensagen sowie sogenannte Erklärungssagen, in denen versucht wird, bestimmte Phänomene (zum Beispiel eine auffällige Bergformation, die Entstehung eines Sees) aus dem Volksverständnis heraus zu erklären. Das christliche Gegenstück zur Sage ist die Legende.

**Beispiele für Sagenformen**

Das Nibelungenlied, das im fünften Jahrhundert spielt und die mutigen Abenteuer von Siegfried und seiner Frau Kriemhild berichtet. Es wurde um 1200 aufgeschrieben.

Die Sage von König Ödipus

Die Sage von Sisyphos, von der heute noch der Begriff der Sisyphosarbeit für ganz aufwendige Arbeit abgeleitet ist

Die Sage von Romulus und Remus, die die Gründung der Stadt Rom erklärt

**1** **Lies den Anfang des Zeitungsartikels aus dem Jahre 1990. Was ist die wichtigste Aussage des Artikels?**

# Den Trojanischen Krieg gab es wohl doch

**Tübinger Archäologe veröffentlicht Ergebnisse der Grabungskampagne in der antiken Ruinenstadt**

Troja, 17. August (AP). Der Trojanische Krieg, der von Homer in seinem um 710 vor Christus entstandenen Epos „Ilias“ beschrieben wurde, hat nach Auffassung des Tübinger Archäologen Manfred Korfmann einen „historischen Kern“. Dies sei ein Ergebnis der unter seiner Leitung stehenden jüngsten Ausgrabungen in der antiken westanatolischen Ruinenstadt Troja, sagt der Prähistoriker. Bislang war der Wahrheitsgehalt in der Wissenschaft dagegen heftig umstritten.

Epos = ein großes Werk
Prähistoriker = ein Forscher, der sich mit antiker Geschichte beschäftigt
Aus: Frankfurter Rundschau vom 18.08.1990

Nach dem Ausschnitt aus der Zeitung bist du jetzt sicherlich neugierig, was es mit der „Ilias“ und den Trojanischen Kriegen auf sich hat. Daher hier nun der Anfang der Sage, die erklärt, warum es überhaupt zum Streit zwischen Griechenland und Troja kam.

## Am Anfang stand die Zwietracht.

Als Peleus, der König von Phrygien, mit der Meernymphe Thetis Hochzeit feierte, wurden alle Götter zu Gast geladen. Nur Eris, die Göttin der Zwietracht, schloss man aus. Voller Zorn über solche Beleidigung erschien sie plötzlich auf dem fröhlichen Fest und warf mitten unter die Gäste einen goldenen Apfel mit der Aufschrift: „Für die Schönste!“ Da entbrannte eifersüchtiger Streit unter den Göttinnen und schließlich beanspruchte eine jede, Hera, Athene und Aphrodite, den Preis für sich. Als keine vor der anderen zurücktreten wollte, sprach Zeus sein Machtwort: „Paris, ein Sohn des Trojanerkönigs Priamos, soll den Streit entscheiden.“

Die drei Göttinnen begaben sich zum Berg Ida, wo der Jüngling die väterlichen Herden hütete, und jede von ihnen versuchte ihn für sich zu gewinnen. „Alle Macht auf Erden verspreche ich dir“, begann Hera. – „Ich verheiße dir Ruhm unter den Menschen“, fuhr Athene fort. – „Erkennst du mir den Preis zu“, so sprach Aphrodite, „so wirst du durch mich die schönste Frau der Welt gewinnen.“

Da entschied sich Paris für die Liebesgöttin, vor deren Schönheit und Anmut der Reiz der anderen erblasste; Hera und Athene aber wandten ihm beleidigt und voll göttlichen Zorns den Rücken.

**2** **Lies den Text gründlich und schlage alle dir unbekannten Begriffe in einem Lexikon oder einem Fremdwörterbuch nach.**

**3** **Paris ist der Sohn des Königs von Troja. Wo war eigentlich Troja? Finde es mithilfe eines Lexikons oder des Internets heraus. Zu welchem Land gehört es heute?**

**4** **Erkläre, warum Eris auf der Hochzeit des Peleus mit einem Apfel auftaucht. Was will sie damit erreichen?**

**5** **Was bieten die drei Göttinnen Paris, wenn er sie zur Schönsten erklärt? Wie löst Aphrodite dieses Versprechen ein?**

**6** **Erläutere den Anlass für den Kriegsbeginn zwischen Troja und den griechischen Stämmen.**

Aphrodite geleitete ihren Schützling zu Schiff nach Europa hinüber, wo Paris beim König Menelaos von Sparta zu Gast war. Viele Wochen genoss er dort die Gastfreundschaft, doch er vergalt sie mit schändlichem Undank: Er beredete Helena, die schöne Gattin des Königs, mit ihm nach Troja zu entfliehen. Während Menelaos abwesend war, entführte er sie mit vielen Schätzen auf seinem Schiff.

Der betrogene Gatte wollte Rache für die erlittene Kränkung nehmen. Er rüstete zu einem gewaltigen Zug gegen Troja. Es wurde ihm nicht schwer, zahlreiche Helfer zu finden, denn als Tyndareos, Helenas Vater, sich einst unter den zahlreichen Freiern seiner Tochter Menelaos zum Schwiegersohn erwählte, hatte er alle anderen durch einen Eid verpflichtet, seinem zukünftigen Schwiegersohn stets zur Seite zu stehen. So kamen auf den Ruf des Menelaos sogleich dessen mächtiger Bruder Agamemnon, der über Mykene herrschte, der herrliche Achilleus, der gewaltige Aias, der listenreiche Odysseus von Ithaka, der greise Nestor von Pylos mit ihren Helden und viele andere tapfere Männer. Unter ihnen waren eine große Anzahl junger Königssöhne, die auf Abenteuer begierig waren. Keiner wollte fehlen, wo Ruhm und Beute winkten.

So rüsteten alle Stämme Griechenlands zum Kampf gegen Troja.

*Der Krieg zwischen Troja und den Griechen wütet nun schon zehn Jahre lang, auf vielen Seiten sind viele Opfer zu beklagen. Ein Sieger ist aber immer noch nicht in Sicht. Da setzen die Trojaner eine List ein …*

**7** **Was ist die geniale Idee, die Odysseus hat? Erkläre sie mit eigenen Worten.**

**8** **Welche Gemeinsamkeiten gibt es zwischen dem Traum von Kalchas vom Habicht und der Taube sowie der Idee von Odysseus?**

**Das hölzerne Pferd**

Zehn Jahre lagen die Griechen nun schon vor Troja, doch immer noch war kein Ende des furchtbaren Krieges abzusehen. An die Stelle Achills war sein Sohn Neoptolemos getreten. Inzwischen mussten die Belagerten auch Paris betrauern, den Urheber all des Unheils, das Griechen und Trojaner im Kampf um die Stadt erlitten hatten. Von einem Giftpfeil des Philoktetes getroffen, fand Paris den Tod in der Schlacht. Die Trojaner führte an Hektors Stelle jetzt der fromme Aineias, der Sohn der Aphrodite, der sich schon ruhmvoll im Kampf hervorgetan hatte. Apollon hauchte ihm Mut und Stärke ein, dass die Griechen unter schweren Verlusten zurückweichen mussten. Nur mit Mühe konnte Neoptolemos die schwierige Lage meistern.

**9** Die Griechen glaubten, dass ihr ganzes Tun von den Göttern bestimmt und geleitet wird. Wo wird das in diesem Sagenauszug deutlich?

**10** Die Griechen zünden am Ende ihr eigenes Lager an. Warum tun sie das?

**11** Heutzutage spricht man am Computer manchmal von einem „Trojanischen Pferd" oder einem „Trojaner". Finde im Internet heraus, was damit gemeint ist und erkläre, warum es so heißt.

Unaufhörlich wogte der Streit hin und her. Erfolg und Misserfolg, Sieg und Niederlage verteilten die Götter auf beiden Seiten. Vergeblich versuchten die Griechen eine Entscheidung zu erzwingen. Aineias, der strahlende Held, war der stärkste Rückhalt der Trojaner.

Da rief Kalchas, der Seher, die vornehmsten Helden des griechischen Heeres zusammen. „Lasst ab von dem Versuch, die Stadt mit Gewalt zu nehmen", redete er zu ihnen, „denn so werdet ihr nie zum Ziel kommen! Besinnt euch lieber auf eine List, die euch den Erfolg bringen mag!" Zur Bekräftigung seiner Worte erzählte er ihnen von einem Traum, in dem er einen Habicht eine Taube verfolgen sah. Als das Tierchen in einem Felsspalt sicheren Schutz fand, verbarg sich der Raubvogel im nahen Gebüsch, bis das törichte Täubchen herausschlüpfte. Mit leichter Mühe packte er es nun und würgte es ohne Erbarmen. „Lasst uns diesen Vogel zum Vorbild nehmen", schloss Kalchas, lasst uns darauf sinnen, Troja nicht mit Gewalt zu erobern, sonders es einmal mit List zu versuchen!"

Keinem der Helden aber wollte eine List einfallen, wie man dem Krieg mit einer List ein Ende setzen könne. Schließlich hatte der schlaue Odysseus den erlösenden Einfall: „Lasst uns ein riesengroßes Pferd zimmern, in dessen Leib sich unsere edelsten Helden verbergen sollen. Durch einen scheinbaren Abzug unseres Heeres werden die Troer sich aus der Stadt herauslocken lassen." Der erfindungsreiche Held hatte seinen Plan bis in alle Einzelheiten zu Ende gedacht. Ein mutiger Mann, den keiner der Feinde kannte, sollte zurückbleiben, sich als Flüchtling ausgeben und den Troern das Lügenmärchen vortragen, er sei vor der frevelhaften Gewalt der Achaier geflohen, die ihn für ihre Rückkehr den Göttern als Opfer hätten schlachten wollen. Und habe er das Misstrauen der Troer überwunden, so solle er sie veranlassen, das hölzerne Pferd in die Mauern ihrer Stadt zu ziehen.

Als Odysseus ausgeredet hatte, lobten alle seinen erfindungsreichen Geist. „Du hast meine Worte richtig verstanden!", rief Kalchas anerkennend. Zugleich beobachtete er auch günstige Vorzeichen und zustimmende Donnerschläge des Zeus. „Geht sofort ans Werk, ihr Freunde!", rief er drängend.

Der kunstfertige Epeos übernahm die Leitung. Ihm war Pallas Athene im Traum erschienen. Sie trug ihm auf, das mächtige Ross aus Balken zu zimmern, und versprach ihm ihren Beistand. Eiligst schickten die Atriden in die waldreichen Täler des Idagebirges und ließen die stärksten Fichten fällen. Epeos zimmerte zuerst die Füße des

Pferdes, dann den Bauch, fügte darüber den gewölbten Rücken, die Weichen und zuletzt den Hals mit dem mächtigen Kopf. Schweif und Haare, Ohren und Augen, nichts fehlte. Nur drei Tage hatte die Arbeit gedauert. Staunend stand das ganze Heer vor der Schöpfung des Künstlers.

„Jetzt gilt es, ihr Führer des Danaervolkes!“, rief Odysseus. „Mehr Mut gehört dazu, in dieses Versteck zu kriechen, als dem Tod in offener Feldschlacht zu trotzen! Darum, wer zu den Tapfersten zählt, der entscheide sich für dieses Wagnis! Die anderen mögen vorerst zum Schein abfahren und sich außer Sichtweite halten. Ein mutiger Jüngling aber soll zurückbleiben, wie ich geraten habe.“

Simon hieß der Waffengefährte, der dazu bereit war. Dreißig Helden aber, voran Neoptolemos, dann Menelaos, Diomedes, Odysseus und viele andere berühmte Kämpfer, stiegen in voller Waffenrüstung in den geräumigen Leib des Riesentieres. Zuletzt stieg Epeos, der das Wunderpferd gebaut hatte, hinein, zog die Leiter ein und schloss von innen die Riegel.

Die anderen Griechen aber steckten die Zelte und alles Lagergerät in Brand. Unter Agamemnons und Nestors Führung brachen sie mit den Schiffen auf und verließen die Küste. Mit ungläubigem Staunen hatten die Trojaner von der Mauer aus alle Vorbereitungen für die Abfahrt beobachtet. Wirklich, der Feind, der zehn Jahre lang bedroht hatte, war plötzlich verschwunden!

*Wie der Kampf weitergeht und ob die List mit dem Trojanischen Pferd gelingt, kannst du im Teil „Training“ (S. 28) nachlesen!*

Im Unterkapitel „Kurs“ hast du gelesen, wieso es zwischen den Griechen und den Trojanern zum Krieg kam. Nach zehn Jahren ohne Sieger hecken die Griechen eine List aus: Sie stellen ein riesiges Pferd, in dessen Körper die Soldaten sitzen, an den Strand vor Troja. Sinon, einem ausgewählten Griechen, gelingt es, den Trojanern einzureden, das Pferd sei ein Geschenk.

**1** Lies den vorliegenden Auszug aus der Sage um die Trojanischen Kriege. Erzähle mit eigenen Worten nach, was in der Nacht, nachdem die Trojaner das Pferd in ihre Stadt gezogen haben, geschieht.

**2** Warum handelt es sich bei diesem Text um eine Sage?

**Tipp:** Die Definition von Sagen im Wissensteil kann dir sicherlich helfen.

**3** Was geschieht mit den Bewohnern der Stadt Troja nach dieser Schlacht?

**4** König Menelaos gewinnt seine Ehefrau Helena zurück.

- **a)** Erzähle mit eigenen Worten nach, warum er sie verloren hat.
- **b)** Schreibe einen inneren Monolog, was Menelaos in dem Moment, in dem er Helena wiedersieht, durch den Kopf geht.

## Die Sage vom Trojanischen Pferd

Jubelnd und singend führten sie das verhängnisvolle Feindesgeschenk durch die Stadt und ruhten nicht, bis es auf der Burg stand. Die halbe Nacht hindurch überließen sich die Trojaner der Freude, endlich von aller Bedrängnis frei zu sein. Alles ergab sich festlichem Schmaus, sang und lauschte der Musik. Immer wieder wurden die Becher gefüllt, bis die Trinker die Müdigkeit übermannte.

Endlich sanken auch die Letzten in tiefen Schlaf, überwältigt von dem Geschehen des Tages und der lärmenden Feier. Da erhob sich Sinon, der wacker mit den Trojanern gezecht und sich zuletzt schlafend gestellt hatte, von seinem Lager. Er schlich hinaus zum Stadttor, zündete eine Fackel an und gab damit zur Insel Tenedos hinüber das verabredete Zeichen. Ebenso leise begab sich der Späher sodann zum hölzernen Pferd und klopfte an den mächtigen Bauch, wie Odysseus ihm geheißen hatte. Mit klopfendem Herzen stiegen die Helden aus der dunklen Höhlung. Sie zogen ihre Schwerter und schlichen durch die Straßen zu den Toren um die Wächter niederzumachen.

Grässlich war das Gemetzel, das dann unter den schlaftrunkenen, weinberauschten Trojanern anhob, die sich nur schwach zur Wehr setzen konnten. Feuerbrände wurden in die Wohnungen geschleudert und bald loderten ringsumher die Häuser. Zur gleichen Zeit trieb ein günstiger Wind die Flotte der Griechen in den Hafen. Ihr Heer stürmte durch die breite Mauerlücke, durch die tags zuvor das Ross hineingezogen worden war, in die Stadt. Stöhnen und Wehklagen, Schmerzensschreie und Todesklagen jammernder Frauen und unmündiger Kinder gellten durch die brennende Stadt.

Kein Alter, kein Geschlecht nach Stand blieb bei dem schrecklichen Morden verschont. Keiner von den Söhnen des Königs rettete sein Leben. Priamos selbst fand unter dem Schwert des Neoptolemos den Tod. Wer von den Trojanern dem schrecklichen Gemetzel und dem Brand entronnen war, den traf das noch härtere Los der Sklaverei. (…)

Des Königs Menelaos Trachten war auf Helena, seine rechtmäßige Ehegattin gerichtet, um die der furchtbare Völkerstreit entbrannt war. Mit blankem Schwert drang er auf die Treulose ein; doch als er sie in dem strahlenden Liebreiz ihrer Schönheit vor sich stehen sah, vermochte er sich nicht gegen die alte Liebe zu wehren. Froh über den wiedererlangten Besitz nahm er sie aufs Neue als seine Ehegattin auf.

Hoch hinaus bis zum Äther stieg die Flammensäule und verkündete den Bewohnern der Inseln und den Schiffen ringsum den Untergang der unglücklichen Stadt Troja.

Hier findest du die wohl bekannteste deutsche Sage. Wahrscheinlich hast du schon einmal von dem berühmten Rattenfänger gehört …

**5** **Erzähle mit eigenen Worten nach, welche Tat der Rattenfänger aus Hameln beging.**

**6** **Warum entführte der Rattenfänger die Kinder?**

**7** **Mit welchem Trick gelingt es dem Rattenfänger, erst die Tiere und dann auch die Kinder zu entführen? Markiere im Text.**

**8** **Welche Zeichen deuten heute noch auf das Ereignis aus dem Jahre 1284 in der Stadt Hameln hin? Unterstreiche im Text.**

**9** **Belege am Text, warum die Geschichte eine Sage ist. Markiere Textstellen und fasse schriftlich zusammen.**

## Die Kinder zu Hameln

Im Jahre 1284 ließ sich zu Hameln ein wunderlicher Mann sehen. Er hatte einen Rock von vielfarbigem buntem Tuch an, weshalben er Buntding soll geheißen haben, und gab sich für einen Rattenfänger aus, indem er versprach, gegen ein gewisses Geld die Stadt von allen Mäusen und Ratten zu befreien. Die Bürger wurden mit ihm einig und versicherten ihm einen bestimmten Lohn. Der Rattenfänger zog demnach ein Pfeifchen heraus und pfiff, da kamen alsbald die Ratten und Mäuse aus allen Häusern hervorgekrochen und sammelten sich um ihn herum. Als er nun meinte, es wäre keine zurück, ging er hinaus und der ganze Haufen folgte ihm, und so führte er sie an die Weser; dort schürzte er seine Kleider und trat in das Wasser, worauf ihm alle die Tiere folgten und hineinstürzend ertranken.

Nachdem die Bürger aber von ihrer Plage befreit waren, reute sie der versprochene Lohn und sie verweigerten ihn dem Manne unter allerlei Ausflüchten, sodass er zornig und erbittert wegging. Am 26. Juni auf Johannis- und Paulitag, morgens früh um sieben, nach andern zu Mittag, erschien er wieder, jetzt in Gestalt eines Jägers, erschrecklichen Angesichts, mit einem roten wunderlichen Hut, und ließ seine Pfeife in den Gassen hören. Alsbald kamen diesmal nicht die Ratten und Mäuse, sondern Kinder, Knaben und Mägdelein, vom vierten Jahr an, in großer Anzahl gelaufen, worunter auch die schon erwachsene Tochter des Bürgermeisters war. Der ganze Schwarm folgte ihm nach und er führte sie hinaus in einen Berg, wo er mit ihnen verschwand. Dies hatte ein Kindermädchen gesehen, welches mit einem Kind auf dem Arm von fern nachgezogen war, danach umkehrte und das Gerücht in die Stadt brachte. Die Eltern liefen haufenweis vor alle Tore und suchten mit betrübtem Herzen ihre Kinder; die Mütter erhoben ein jämmerliches Schreien und Weinen. Von Stund an wurden Boten zu Wasser und Land an alle Orte herumgeschickt, zu erkundigen, ob man die Kinder oder auch nur etliche gesehen, aber alles vergeblich. Es waren im Ganzen hundertunddreißig verloren. Zwei sollen, wie einige sagen, sich verspätet und zurückgekommen sein, wovon aber das eine blind, das andere stumm gewesen, also dass das blinde den Ort nicht hat zeigen können, aber wohl erzählen, wie sie dem Spielmann gefolgt wären; das stumme aber den Ort gewiesen, ob es gleich nichts gehört. Ein Knäblein war im Hemd mitgelaufen und kehrte um, seinen Rock zu holen, wodurch es dem Unglück entgangen; denn als es zurückkam, waren die andern schon in der Grube eines Hügels, die noch gezeigt wird, verschwunden.

Die Straße, wodurch die Kinder zum Tor hinausgegangen, hieß noch in der Mitte des XVIII. Jahrhunderts (wohl heute noch) die bunge-lose (trommel-, tonlose, stumme), weil kein Tanz darin geschehen noch Saitenspiel gerührt werden durfte. Ja, wenn eine Braut mit Musik zur Kirche gebracht ward, mussten die Spielleute über die Gasse hin stillschweigen. Der Berg bei Hameln, wo die Kinder verschwanden, heißt der Poppenberg, wo links und rechts zwei Steine in Kreuzform sind aufgerichtet worden. Einige sagen, die Kinder wären in eine Höhle geführt worden und in Siebenbürgen wieder herausgekommen.

Aus: Johannes Dickhaus (Hrsg.): Germanische und deutsche Sagen. Paderborn 2004. S. 16–18.

**10** **Der Rattenfänger hat alle Mäuse und Ratten getötet. Nun wollen ihm die Bürger von Hameln den Lohn nicht auszahlen. Verfasse einen inneren Monolog, der dem Rattenfänger durch den Kopf geht, als er bemerkt, dass er betrogen werden soll.**

Die Nibelungensage ist eine lange deutsche Heldensage, die wir hier gar nicht vollständig abdrucken können. Allerdings kannst du dir mit dem folgenden Auszug einen kleinen Eindruck verschaffen.

1 **Erkläre, warum der Textauszug aus einer Sage kommt.**

2 **Was ist das Besondere am Schwert Siegfrieds? Beachte, wie und woraus es entstand.**

3 **Regin denkt: „Ich habe den Richtigen gefunden.“, nachdem er Siegfried in der Schmiede erlebt hat. Was meint er damit?**

4 **Woran erkennt man, dass die Sage an dieser Stelle noch nicht zu Ende sein kann?**

## Wie Siegfried den Drachen erschlug

Regin kam an den Niederrhein ins Land der Franken. Dort herrschte in der Stadt Xanten eine Königin mit Namen Sieglind. Sie war die Witwe des Königs Siegmund. Der stammte aus dem Geschlecht der tapferen, weit berühmten Wölsungen, die ihre Herkunft von Odin selbst ableiteten. Der Sohn Siegmunds und Sieglinds war Siegfried. Er war noch ein Knabe, als Regin an den Hof kam und als Waffenschmied in den Dienst der Königin trat. Nach Knabenart kam Siegfried oft in die Schmiede und schaute Regin bei der Arbeit zu.

Einmal gab Regin ihm den Hammer in die Hand und ließ ihn schmieden. Siegfried tat einen einzigen Schlag auf den Amboss, der war so gewaltig, dass der Amboss sogleich tief in den Boden hineinfuhr. Da dachte Regin: „Ich habe den Richtigen gefunden.“ Eines Tages kam Siegfried und brachte dem Schmied die Stücke eines Schwertes. „Ich fand es in der Kammer meiner Mutter, schmiede es mir wieder zusammen“, bat er. Das tat Regin. Es war aber Siegmunds Schwert Balmung, ein Geschenk Odins, das in Siegmunds letztem Kampf zersprungen war. Als Regin die Trümmer zusammengeschmiedet hatte, schlug Siegfried mit dem Schwert auf den Amboss und spaltete ihn. Aber das Schwert hatte nicht die kleinste Scharte. Dann lief der Knabe an den Rhein, hielt das Schwert in den Strom und ließ eine Flocke aus Wolle dagegenschwimmen, da zerschnitt die Schärfe des Schwertes die Wolle.

Da sprach Regin zu Siegfried: „Hast du Mut? Ich weiß eine Tat für einen Helden, der keine Furcht kennt. Auf der Gnitaheide sitzt Fafnir, der Drache, auf einem unermesslichen Schatz. Da ist so viel Gold, dass man die ganze Welt dafür kaufen könnte.“ „Ich kenne keine Furcht“, rief Siegfried, „ich will den Drachen töten.“

Heimlich verließen Regin und Siegfried das Land und zogen ostwärts zur Gnitaheide. Siegfried ritt auf seinem schnellen Ross Grani. Nicht weit von der Höhle, in der Fafnir auf seinem Golde lag, war eine Quelle. Dorthin kroch der Drache jeden Morgen, um zu trinken. Man sah deutlich seine Spur. Mitten auf dem Wege machte Regin eine Grube, Siegfried setzte sich hinein und hielt Balmung auf den Knien. Regin verdeckte die Grube mit Reisig und verbarg sich dann in der Heide. Als der Drache ahnungslos von seiner Höhle zur Tränke kroch und über die Grube fuhr, stieß Siegfried ihm von unten das Schwert in den Leib. Der tödlich getroffene Wurm schlug mit Haupt und Schweif gewaltig um sich, dass die Bäume um ihn her zersplitterten. Flammen spie er aus seinem Mund. Aber es half ihm alles nichts. Als er Siegfried erblickte, der aus der Grube gesprungen war, sprach er zu ihm: „Knabe, der du mich erschlugst, auf dass der Fluch erfüllet werde, höre: Auch dir wird der blutrote Nibelungenhort den Tod bringen!“ Siegfried aber lachte sorglos: „Einmal müssen wir alle sterben. Ich freue mich, dass ich den Schatz erworben habe.“

Aus: Gebrüder Grimm (Hrsg.): Deutsche Sagen. Darmstadt 1959. S. 249–251.
Anmerkung: Der Nibelungenhort ist der sagenhafter Schatz, den Siegfried erwirbt als er den Drachen tötet.

| **Was ich kann. Meine Kompetenzen** | **Ja.** | **Nein, nochmals üben ab** | |
|---|---|---|---|
| Erklären, was eine Sage ist. | | | Seite 23; 28: A3 |
| Wenn man mir eine Sage vorlegt, kann ich am Text belegen, warum es sich um eine Sage handelt. | | | Seite 23; 29: A2 |
| Unterschiedlichen Arten von Sagen kennen. | | | Seite 23 |
| Beispiele für Sagen benennen. | | | Seite 23 |
| Fragen zum Inhalt einer Sage beantworten. | | | Seite 24f.: A4–9; 28: A3 u. 4; 29: A6–8 |

# Wissen

## Fitness-Einheit 3 – Einen inneren Monolog schreiben

### Was ist ein innerer Monolog?

Ein **Monolog** ist eine (lange) Rede einer einzelnen Person ohne Partner, also ein Selbstgespräch. Es wird aber nicht laut ausgesprochen, was im Kopf des Menschen abläuft. Ein innerer Monolog gibt also Gedanken und Gefühle wieder, die einer Person in einer bestimmten Situation durch den Kopf gehen.

Hier findest du den Anfang der Erzählung „Die Vorstadtkrokodile“. Der Textausschnitt gibt Hannes' Gedanken und Gefühle nicht wieder. Versetze dich in seine Situation! Was geht wohl in ihm vor? Nach dem Textausschnitt findest du einen möglichen inneren Monolog.

**Ein innerer Monolog während einer Mathearbeit:**

„Ich muss zunächst diese Aufgabe zu Ende rechnen. Ja! Das Ergebnis sieht sehr gut aus, vielleicht schaffe ich es doch noch eine Drei zu schreiben. Melanie hat bestimmt schon wieder alles ausgerechnet. Sie hat bestimmt eine Eins. Manchmal frage ich mich, wie sie das immer schafft. Mensch, jetzt reiß dich zusammen! Konzentriere dich auf deine Arbeit!“

MAX VON DER GRÜN: **Die Vorstadtkrokodile**

„Du traust dich ja doch nicht! Du Angsthase!“, rief Olaf, ihr Anführer. Und die Krokodiler riefen im Chor: „Traust dich nicht! Traust dich nicht!“

Nur Maria, Olafs Schwester, dreizehn Jahre und damit ein Jahr jünger als ihr Bruder, hatte nicht mitgeschrien, sie hatte so viel Angst um Hannes, dass sie wegsah. Die acht Krokodiler standen in einem Halbkreis am Ende der Leiter, die senkrecht zehn Meter hoch zum Dach führte, und sahen gespannt zu, wie Hannes, den sie Milchstraße nannten, weil er so viele Sommersprossen im Gesicht hatte, langsam die Sprossen hochkletterte, um seine Mutprobe abzulegen. Die war Bedingung für die Aufnahme in die Krokodilbande.“

Aus: Max Von der Grün: Die Vorstadtkrokodile. 6. Auflage. München 2006. S. 13.

# Wissen

Fitness-Einheit

## 3 Einen inneren Monolog schreiben

**Merkmale eines inneren Monologes**

- Der innere Monolog gibt die Gedanken und Gefühle einer Person wieder.
- Der Monolog ist in der Ich-Form geschrieben.
- Der innere Monolog steht im Präsens (in der Gegenwart). Lediglich wenn die Person auf etwas zurückblickt („damals dachte ich noch […]") oder in die Zukunft blickt („morgen werde ich es allen sagen") verwendet man die Vergangenheit bzw. die Zukunft.
- Der innere Monolog kommentiert die äußere Handlung. Wenn wir zu einer Situation einen inneren Monolog schreiben, denken wir uns nicht irgendetwas aus, sondern das Gefühlte und Gedachte muss genau zur Handlung passen.
- Der innere Monolog ist ganz ehrlich. Niemand verstellt sich in seinen Gedanken und Gefühlen.
- Wenn du einen inneren Monolog schreibst, zeigst du, dass du dich in eine Personen hineinfühlen kannst und verstehst, was gerade in ihr vorgeht.

„Ich will das schaffen! Ich will unbedingt in diese Bande! Oh Gott, ich muss diese Leiter hochklettern. Die Anderen glauben nicht an mich, ich höre wie sie unten rufen. Bloß nicht hinhören! Einfach weiterklettern. Komm, Hannes, du willst doch in die Bande. Sie halten mich für einen Angsthasen und ja, ich finde das hier schrecklich, aber ich will das schaffen."

Fitness-Einheit

# Kurs 3 Einen inneren Monolog schreiben

**1** Rechts findest du einen Auszug aus der Erzählung „Wer stoppt Melanie Prosser?“ von Aidan Chambers. Lies den Text aufmerksam durch. Welche Personen werden in dem Auszug erwähnt?

**2** Aus welcher Perspektive bzw. Sicht ist der Text geschrieben?

## Wer stoppt Melanie Prosser?

*In der Erzählung wird das Verhalten von Melanie und ihrer Bande geschildert, die zahlreiche Mitschüler erpresst und tyrannisiert. Melanie kennt ihre Schwächen genau und schafft es immer wieder, dass die Opfer nicht den Mut haben sich zu wehren. So auch Lucy, die Melanie an ihrem Geburtstag überfallen will.*

„Wartet hier“, sagte Melanie Prosser am Schultor. „Dann können wir sie nicht verpassen.“ „Ihr Vater bringt sie mit seinem protzigen Auto her“, sagte Sally-Ann Simpson. „Elender Angeber.“ „Ich werd sie in den Schwitzkasten nehmen“, sagte Vicky Farrant. „Ich habe eine Schwäche für Schwitzkästen.“ „Erst wenn wir sie hinter dem Fahrradschuppen haben“, sagte Melanie. „Bis dahin schön fröhlich lächeln!“

Von der Ecke des Schulgebäudes aus beobachtete Angus Burns die drei Mädchen, die sich am Tor herumdrückten. Er wusste, dass sie heute auf Lucy warten würden, denn sie hatte Geburtstag. Typisch Prosser, an so was zu denken. Er wusste auch, was er mit Prosser am liebsten tun würde: ihr die Raubtierzähne einschlagen.

Angus warf die Haare aus seinem Gesicht und behielt die Straße und den Schulhof im Auge. Dann suchte er die Zufahrt und den Teil des Schulhofes ab, den er überblicken konnte, denn er wartete auf Clare Tonks. Heute würden sie Clare Tonks in Ruhe lassen, weil sie sich mit Lucy beschäftigten. Arme alte Clare, sie ließen sie nur dann zufrieden, wenn sie genug von ihr hatten und sich Abwechslung verschafften, indem sie jemand anderen quälten. Endlich entdeckte er Clare. Wenn er sie einmal erspäht hatte, konnte er sie kaum aus den Augen verlieren, denn sie war unglaublich dick: Tonks, der Panzer. Sie stand im Fahrradschuppen, wo sie vom Tor aus nicht zu sehen war, und beobachtete Angus.

„Erst mal brauch ich ein neues Federmäppchen“, sagte Sally-Ann. „Mein altes ist ganz schäbig.“ „Ich könnte ihr einen sauberen Halbnelson verpassen“, sagte Vicky. „Und ihr Handgelenk umdrehen, dass ihr Hören und Sehen vergeht.“ „Spar dir noch was für später auf“, sagte Melanie, geduldig wie eine Großmutter. „Oder sie mit einem Hüftwurf aufs Kreuz legen, sie in den Zehengriff nehmen und die blöde Ziege mal richtig zum Schreien bringen.“ Melanie gähnte. Sally-Ann kicherte. „Du mit deiner Ringerei. Hab das Gefühl, du kriegst langsam 'n Tick.“

Aus: Aidan Chambers: Wer stoppt Melanie Prosser? Ravensburg 2006. S. 7–9.

**3** Rechts findest du ebenfalls einen inneren Monolog zu dem Textauszug aus „Wer stoppt Melanie Prosser?".

a) An welchen Merkmalen erkennst du, dass es sich um einen inneren Monolog handelt?

b) Wessen Perspektive wurde hier eingenommen?

**Innerer Monolog der Melanie Prosser**

„Ich glaube, hier stehen wir gut. Lucy muss ja durchs Schultor kommen. Ich habe sie beobachtet, sie wird ja immer von ihrem Vater hier ans Tor gebracht. Hoffentlich sind die anderen nicht zu voreilig, die anderen Schüler dürfen nichts merken. Wir müssen Lucy erst in das Versteck am Fahrradschuppen bringen, bevor wir ihr was tun. Es darf ja keiner etwas sehen. Ich freue mich schon so! Das wird bestimmt ein Spaß. … Aber die anderen sind mal wieder so übermütig, sie haben einfach keine Geduld, man muss auch warten können, dann macht es umso mehr Spaß, wenn man den anderen langsam und lange quälen kann."

**4** Schreibe nun einen inneren Monolog aus der Sicht von Angus. Was denkt und fühlt er, während er am Schulgebäude steht?

**5** Verfasse nun zu dem Auszug aus „Der überaus starke Willibald" von Willi Fährmann einen inneren Monolog aus Sicht der Lilimaus. Beachte wieder die Merkmale eines inneren Monologes.

**Der überaus starke Willibald**

*In einem großen Haus lebt eine muntere Mäuseschar, sie erleben immer wieder neue Abenteuer. Eine der Mäuse ist Lilimaus.*

Es roch so eigenartig nach Grün und Gras. Lilimaus schnupperte und versuchte herauszuriechen, woher dieser Geruch kam. Die Fensterklappe im Küchenfenster, die sich nur nach außen hin aufdrücken ließ, war verriegelt. Lilimaus näherte sich der Tür. Die führte von der Küche in den Garten hinaus. Erst als sie schon dicht davor stand, da sah sie, dass die Tür zum Garten nicht fest geschlossen war. Ein Schrecken durchfuhr sie heiß von der Schwanzspitze bis in die Schnurrbarthaare. Für eine Hausmaus ist nämlich der Garten eine höchst gefährliche Gegend. Furchtbare Geschichten von scharfkralligen Eulen und stacheligen Igeln schossen ihr durch den Kopf. Sie sprang vor Entsetzen fünf Zentimeter hoch und raste in das Wohnzimmer. Laut schrie sie: „Die Tür! Die Küchentür! Die Tür zum Garten!“

„Was ist mit der Gartentür?“, fragte ängstlich die Mausemimi. „Sie steht offen“, stieß Lilimaus hervor. Für einen Augenblick erstarrten alle Mäuse vor Schreck. Dann aber rannte das Mäuserudel wild durcheinander, hetzte zu den Mauselöchern und hatte sich schließlich verkrochen, lang bevor die Uhr im Wohnzimmer sieben schlug und das Morgenrot heraufzog.

Am nächsten Abend machte sich der Mausephilipp auf. Der war mutig genug und wollte nachsehen, ob die Menschenköchin wieder vergessen hatte, die Tür zum Garten hin zu schließen. Er schlich aus dem Mauseloch ins Wohnzimmer hinaus. Durch den schmalen Spalt zwischen Schrank und Wand drängte er sich hindurch und tastete sich vorsichtig bis in die Küche. Er reckte die Nase hoch in die Luft und schnüffelte, aber er roch nichts von Blatt und Baum. Er sah, dass es mit der Gartentür und dem Klappfenster diesmal seine Ordnung hatte. „Kommt ruhig heraus. Heute ist alles sicher“, meldete er.

Aus: Willi Fährmann: Der überaus starke Willibald. 18. Auflage. Würzburg 2005. S. 11–13.

Training

Fitness-Einheit

# 3 Einen inneren Monolog schreiben

In dieser Einheit wirst du einige Kapitel aus der Erzählung **„Im Chat war er noch so süß" von Annette Weber** kennenlernen. Das Buch handelt von der 14-jährigen Sarah, die in den Sommerferien einsam ist. Ihre Freundinnen sind verliebt, treffen sich mit ihren Freunden, nur Sarah sitzt alleine zuhause. Sie beginnt im Internet zu chatten. Dies macht ihr zunächst sehr viel Spaß, aber aus einem harmlosen Flirt im Netz wird gefährlicher Ernst … wenn du wissen willst, wie die Geschichte ausgeht, lies doch einfach das spannende Buch!

**Im Chat war er noch so süß!**

Ich war verdammt leichtsinnig. Das passiert mir selten. Eigentlich bin ich ein Typ, der lange überlegt, ob er die Dinge so oder anders macht. Aber bei der Sache war ich richtig blind. Auf beiden Augen. Wahrscheinlich kann niemand verstehen, warum ich mich darauf eingelassen habe. Auch du verdrehst vielleicht die Augen und denkst: Uiuiui, so schlau ist die aber nicht. Ziemlich naiv sogar. Ehrlich gesagt würde es mich ziemlich sauer machen, wenn du das von mir denken würdest.

Vielleicht hättest du zunächst irgendwie Recht. Vielleicht würde ich das sogar auch von jemandem denken, der so handelt. Aber jeder Mensch macht mal saublöde Sachen. Die einen nehmen Drogen, die anderen brettern mit einem aufgemotzten Mofa vor den Baum, und wenn dann einer daherkommt und sagt: Ja wie kannst du denn nur …, dann macht er sich das ganz schön einfach. Das ist hinterher nämlich immer leicht zu sagen. Vieles passiert, weil man irgendwie nicht so gut drauf war. Dann macht man plötzlich Sachen, die man hinterher gar nicht mehr versteht.

(...)

*Sarah beginnt nun von ihren Sommerferien zu erzählen, sie langweilt sich, ist viel alleine. Ihr Kumpel Alessandro gibt ihr den Tipp, dass das Chatten im Internet viel Spaß macht. Sarah nimmt diese Idee an und sitzt vor dem Computer ihres Bruders:*

„Möchtest du dich registrieren lassen oder als Guest in den Chatroom?" Ich entschied mich, erst mal Gast zu sein. „Welchen Nickname möchtest du verwenden?" Ich nagte an meiner Haarsträhne herum. „Wolfslady", schrieb ich und, oh Wunder, der Name war noch nicht vergeben.

„Wolfslady betritt den Chatroom", erschien eine Schrift auf dem Bildschirm. Ich sah mich um. 12 Teilnehmer chatteten miteinander. Einige schienen sich zu kennen. Ich entschied mich, gleich aktiv mitzumachen. „Hallo zusammen. Ich bin Wolfslady." „Bist du zum ersten Mal hier?", fragte mich Fliegenpilz. „Ja", gab ich zu. „Überhaupt habe ich noch nie gechattet. Es geht alles so schnell. Wie kriegt ihr diese Smileys?"

Grenzenlos erklärte es mir, und ich probierte es gleich aus. Ich wählte einen roten Smiley. „Sieht gut aus", schrieb Kampfhund. „Du lernst schnell", fügte Sonnenkönig hinzu. „Du scheinst ein schlaues Mädchen zu sein." „So schlau bin ich auch wieder nicht", schrieb ich zurück. „In Mathe hapert es immer bei mir."

Fitness-Einheit

# Training

## 3 Einen inneren Monolog schreiben

Kaum hatte ich die Nachricht abgeschickt, ärgerte ich mich. Denn irgendwie hatte ich damit auch verraten, dass ich ein Mädchen bin und dass ich noch zur Schule ging. „Wie alt bist du?“, wollte der Sonnenkönig wissen.

Uiui, das war ja ein ganz schönes Gerangel um mich. Irgendwie freute mich es auch. „Ich bin 17“, log ich.

Aus: Annette Weber: Im Chat war er noch so süß! Mühlheim a.d. Ruhr 2006. S. 7–8 und 23–24.

**1** Der abgedruckte Textauszug ist kein innerer Monolog. Kannst du erklären, wo der Unterschied ist?

**2** a) Erkläre, warum Sarah wohl an ihrer Haarsträhne nagt, bevor sie sich einen Namen gibt.

b) Was lernt Sarah alles, bei ihrem ersten Versuch zu chatten?

c) Warum lügt Sarah, als sie ihr Alter angeben soll?

**3** Jetzt hast du dich schon sehr genau mit dem Inhalt der Textstelle beschäftigt. Erstelle nun einen inneren Monolog. Was geht Sarah durch den Kopf?

1 **Lies den Textauszug aus „Drachenflügel“ von Renate Welsh.**

RENATE WELSH: **Drachenflügel**

*In dem Buch „Drachenflügel“ erzählt Renate Welsh die Geschichte von Anne. Das 11-jährige Mädchen hat einen behinderten Bruder, Jakob. Oft zieht Anne sich sehr zurück, lässt niemandem an sich ran und verbringt sehr viel Zeit mit Jakob. Es fällt ihr schwer, dass ihre Freundinnen so wenig Verständnis für die Behinderung Jakobs haben. In der folgenden Szene sitzt Anne alleine in der Straßenbahn.*

Eine junge Frau stieg ein mit einem Kind auf dem Arm und setzte sich Anne gegenüber. Die Frau lächelte, das spürte Anne mehr, als sie es sah. Plötzlich spürte sie einen heftigen Stoß. „Entschuldigung bitte“, sagte die Frau.

Anne nickte, murmelte: „Das macht doch nichts.“ Erst jetzt nahm sie das Kind richtig wahr. Seine Arme und Beine baumelten schlaff, sein Mund hing offen wie Jakobs, es hatte den gleichen Blick nach innen. Sein Kopf verschmälerte sich nach oben. Jetzt versteiften sich die Arme und Beine und begannen zu zucken. Die junge Frau hielt das Kind fest, flüsterte ihm etwas zu.

Die Frau, die neben ihr saß, raffte ihren Mantel um sich, stand auf und wechselte den Sitz weiter vorne im Wagen. Das Kind zappelte. Die junge Frau hielt eine Hand locker um die beiden Füße, bereit sofort zuzupacken, wenn die Füße ausschlagen sollten. Anne wollte sagen, sie brauche sich ihretwegen keine Sorgen zu machen, brachte aber den Mund nicht auf.

Das Kind atmete hechelnd. Die junge Frau stand auf, die Tasche rutschte ihr von der Schulter. Anne hob die Tasche auf und hoffte inständig, dass ihr Lächeln nicht zur Grimasse geworden war.

Kaum war die junge Frau ausgestiegen, begannen die Fahrgäste zu reden. „Armes Tschapperl, ich mag gar nicht hinschauen, wenn ich so was seh.“

„Die hat es nötig, sich so herzurichten! Mit so einem Kind lackiert man sich doch nicht die Fingernägel blau.“

Aus: Renate Welsh: Drachenflügel. 7. Auflage. München 2001. S. 39–40.

2 **Ein Schüler hat einen inneren Monolog aus Sicht des Fahrgastes geschrieben, der sich am Ende über die blauen Fingernägel beschwert. Leider sind dem Schüler einige Fehler unterlaufen. Kannst du sie finden? Markiere sie im Text.**

Der Fahrgast denkt: „Oh Mann, das Kind sieht so aus, als ob es eine schwere Behinderung hat. Ich finde das sehr fremd. Mir tut das Kind leid. Eine alte Frau steht auf und setzt sich weg. Ob sie das wohl wegen des Kindes tut? Ich konnte das verstehen, ich fand das Kind ja auch irgendwie komisch. Aber noch schlimmer fällt ihm auf, dass die Frau blaue Fingernägel hatte. Er findet das nicht gut, die Frau soll sich zurückhalten, wenn sie schon ein krankes Kind im Arm hat. Dann muss man sich doch zurückhalten! Ich bin mir sicher, dass die anderen Fahrgäste das auch so sehen."

3 **Schreibe nun einen inneren Monolog aus Annes Sicht. Bedenke auch, dass Annes Bruder Jakob eine ähnliche Behinderung wie der Junge in der Straßenbahn hat.**

| **Was ich kann. Meine Kompetenzen** | **Ja.** | **Nein, nochmals** | **üben ab** |
|---|---|---|---|
| Die Perspektive erkennen, aus der man einen inneren Monolog schreiben kannn. | | | Seite 34; 35: A 2; 36: A 3b |
| Die typischen Inhalte eines inneren Monologs kennen. | | | Seite 33 f.; 36: A 3a; 39: A 2 |
| Benennen, in welcher Zeit ein innerer Monolog geschrieben wird. | | | Seite 34 |
| Sich in eine Person hineinversetzen können, um ihre Gedanken und Gefühle nachzuvollziehen. | | | Seite 33; 39: A 2 |
| Eine Textstelle in einen inneren Monolog umsetzen können. | | | Seite 36: A 4 u. 5; 39: A 3 |
| Fehler beim Schreiben eines inneren Monologs erkennen. | | | Seite 33 f.; 36: A 4 u. 5; 39: A 3 |

## Was ist eine Fantasiegeschichte?

**Fantasie** bezeichnet die Vorstellungskraft des Menschen. **Fantasiegeschichten** sind also keine Geschichten, die wirklich so passieren, sondern kreative Erfindungen in unseren Köpfen, also innere Bilder, die es nicht wirklich gibt. Deshalb können in Fantasiegeschichten auch Dinge passieren, die es in der Wirklichkeit nicht gibt bzw. die nicht möglich sind.

### Wie schreibt man selbst eine Fantasiegeschichte?

Jede Geschichte besteht aus drei Teilen:
**Einleitung**
**Hauptteil**
**Schluss**
Im Folgenden erhältst du nähere Informationen zu diesen drei Teilen.

**Einleitung**
Hier soll man den Hörer/Leser in die Geschichte einführen und ihm dazu vier Punkte (Erzählelemente) vorstellen:
Wer spielt in der Geschichte mit? (Hauptpersonen/-figuren)
Wann spielt die Geschichte? (Zeit)
Wo spielt die Geschichte? (Ort)
Was ist der Ausgangspunkt der Handlung? (Einführung in den Inhalt)
Die Reihenfolge, in der du die vier Punkte vorstellst, ist dir überlassen, der Leser muss aber über alle „Voraussetzungen" gut informiert sein und neugierig auf deine Geschichte werden.

**Hauptteil**
Hier musst du die Geschichte Schritt für Schritt entfalten (es hilft, sie zunächst hintereinander aufzuschreiben) und geordnet erzählen, z. B. der Reihe nach und so, dass es allmählich spannender wird, bis der „Höhepunkt" der Geschichte erreicht ist.

CORNELIA FUNKE: **Tintenherz**

Eine der bekanntesten Fantasiegeschichten der letzten Jahre ist die **Tintenherz**-Trilogie von **Cornelia Funke**.
Hier ein Auszug aus dem ersten Band „Tintenherz":

*Mo erzählt seiner Tochter Meggie, was passierte, als er aus einem Buch vorlas.*

Ihr Vater sah sie an. „Sie kamen heraus", sagte er. „Plötzlich standen sie da, in der Tür zum Flur, als wären sie draußen hereingekommen. Es knisterte, als sie sich zu uns umdrehten – so als entfaltete jemand ein Stück Papier. Ich hatte ihre Namen noch auf den Lippen: Basta, Staubfinger, Capricon. Basta hielt Staubfinger am Kragen gepackt wie einen jungen Hund, den man schüttelt, weil er etwas Verbotenes getan hat. (...) Meine Stimme hatte sie aus ihrer Geschichte, hat sie aus der Geschichte rutschen lassen wie ein Lesezeichen, das jemand zwischen den Seiten vergessen hat."

Aus: Cornelia Funke: Tintenherz. Hamburg 2003. S. 153–154.

Eines Tages, es war am Anfang der Sommerferien, ging ich mit meinem Freund Timo an den See hinter unserem Dorf. Dort sollte es viele Frösche geben.

Erster Erzählschritt: Wir spielen am Teich.

Zweier Erzählschritt: Timo geht so weit ins Wasser bis er versackt.

Dritter Erzählschritt: Zwei riesengroße Frösche kommen angeschwommen.

Vierter Erzählschritt: Die Frösche ziehen an Timo. Ich stehe am Rand und staune.

# Wissen

## 4 Fantasiegeschichten schreiben

Diese Schritte müsste man nun angemessen ausformulieren.

**Schluss**
Mit dem Schluss „verabschiedest" du dich von der Geschichte.
- Du musst alles auflösen/aufklären.
- Es dürfen keine wichtigen Fragen offen bleiben.
- Du rundest die Geschichte ab.

**Einige Regeln und Tipps für das wirkungsvolle Schreiben**

- Geschichten werden immer im Präteritum (Vergangenheit) geschrieben.
- Versuche spannend zu formulieren. Dazu kannst du folgende Wörter benutzen: plötzlich, auf einmal, jetzt, als jedoch, da.
- Auch Fragen an den Leser können die Spannung erhöhen.
- Setze die wörtliche Rede ein. Beachte dabei die Regeln für die Anführungsstriche.
- Eine Geschichte wird besonders anschaulich, wenn man sich die Ereignisse und Figuren genau vorstellen kann. Deshalb ist es gut, wenn man beschreibt, wie etwas aussieht, sich anfühlt, wie es riecht oder sich anhört. Bei Figuren sollte man erzählen, was sie denken und fühlen.
- Schreibe nicht zu viele kurze Sätze, sondern versuche sie mit Verbindungswörtern (Konjunktionen) zusammenzufügen.
- Finde eine treffende Überschrift die dazu einlädt, die Geschichte zu lesen.
- Erzähle nur ein Ereignis. Versuche nicht verschiedene Handlungen gleichzeitig zu schildern. Eine gute Hilfe ist das Notieren der Erzählschritte vor dem eigentlichen Schreiben der Geschichte.

Fünfter Erzählschritt: Timo wird von den beiden Fröschen tatsächlich ans Ufer geschleppt.

Wir standen beide sprachlos am Ufer und schauten den Fröschen nach. Dann beschlossen wir, niemandem von dieser merkwürdigen Begebenheit zu erzählen. Wahrscheinlich würde uns sowieso niemand glauben.

Falsch: Wir stehen sprachlos am Ufer oder wir haben sprachlos am Ufer gestanden

Richtig: Wir standen sprachlos am Ufer

Was glaubst du, was ich sah? Wer kam plötzlich angeschwommen, um Timo zu helfen?

Nicht: Ich rief Timo zu, dass er aushalten soll; sondern: „Timo, halt durch!"

Ich zitterte am ganzen Körper. „Oh, Gott! Was soll ich nur tun?" Ich wusste, dass ich zu wenig Kraft hatte, Timo aus dem Schlamm zu ziehen. Ich spürte den kalten Wind in meinem Nacken. Gleichzeitig hörte ich nichts, ich wusste: wir sind ganz alleine hier am See.

weil, als, dann, aber, denn, und, nachdem, obwohl, bevor, dass, oder, trotzdem, deshalb

Die Froschrettung; Unerwartete Hilfe am See; Das Wunder in Grün; Unverhofft kommt oft → welche Überschrift gefällt dir am besten?

## Der Fehlerteufel

**1** Lies die Geschichte, die Carolin für den Deutschunterricht geschrieben hat.

**2** Überprüfe ihre Geschichte. Was fällt dir auf?

a) Hat sie den Aufbau Einleitung – Hauptteil – Schluss eingehalten?

b) Hat Carolin wörtliche Rede benutzt?

c) Die Zeit (das Tempus) stimmt?

d) Finden sich spannend formulierte Textstellen? Markiere.

e) Ist die Überschrift passend und fordert zum Lesen auf?

**3** Schreibe Carolins Geschichte nun noch einmal und beachte alles, was dir in Aufgabe 2 aufgefallen ist. Nimm ein Extrablatt.

**Der Dieb**

In das Haus drang ein Dieb ein. Michael wurde wach, seine Eltern schliefen noch. Er ging leise die Treppe hinunter. Er sah den Mann am Wohnzimmerschrank. Er suchte Geld. Michael sah, dass er nur Socken anhatte und keine Schuhe. Wollte er besonders leise sein? Michael lief leise zurück in sein Zimmer. Er holte Reißzwecken. Er warf sie im Wohnzimmer auf den Boden. Der Dieb drehte sich ruckartig um, schaute Michael entsetzt ins Gesicht und versuchte zu fliehen. Da lief er aber auch schon in die Nägel. „Aua!“, schrie er aus voller Kehle. Da stand auch schon die Polizei in der Tür. Der Vater hatte aus dem Schlafzimmer die Polizisten alarmiert.

## Reizwortgeschichte

**4** Du sollst aus den drei Begriffen, die rechts stehen, eine Fantasiegeschichte schreiben. Gehe dabei folgendermaßen vor:

1. Überlege dir die Antworten auf die W-Fragen für die Einleitung.

2. Notiere die verschiedenen Erzählschritte in Stichworten für den Hauptteil.

**Spielplatz**
**sprechende Maus**
**Burgturm**

3. Schreibe nun die vollständige Geschichte.

4. Überarbeite die Geschichte, indem du:
   - die Erzählzeit prüfst,
   - nochmals einige spannende Fragen und wörtliche Rede einfügst,
   - versuchst, kurze Sätze mit einer Konjunktion zu verbinden,
   - genauer beschreibst, was man sehen / riechen / fühlen / hören / schmecken kann,
   - eine treffende Überschrift findest.

## Formulierungstraining – Wortfelder bilden

Um sich besser auszudrücken und treffender zu formulieren, muss man einen großen Wortschatz haben.

5 Bilde deshalb zu den folgenden Wörtern einen möglichst großen Wortfeldstern.

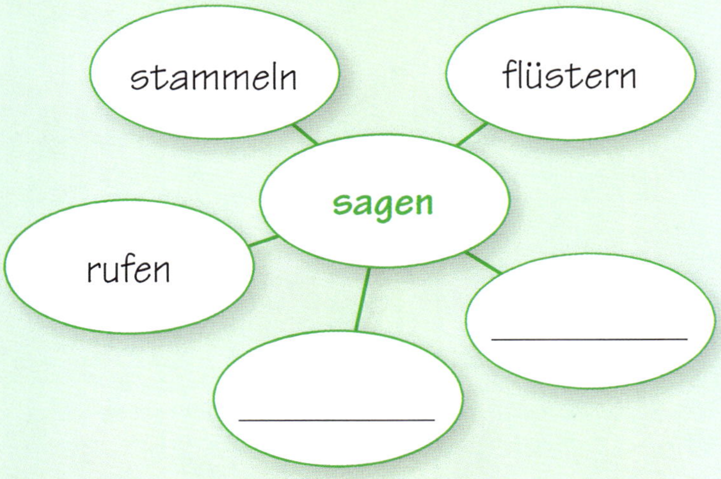

essen

froh

traurig

wütend

ROALD DAHL: **Charlie und die Schokoladenfabrik**

*Der Schokoladenfabrikbesitzer Willy Wonka führt fünf Kinder durch seine Fabrik.*

„Dieser Kaugummi ist meine neueste, meine größte, meine faszinierendste Erfindung!“, fuhr Herr Wonka fort. „Es ist eine Kaugummi-Mahlzeit! Es ist … es ist … es ist … also, dieses winzig kleine Stückchen Kaugummi ist eine ganze Mahlzeit mit drei Gängen!“
„So ein Unsinn!“, knurrte einer der Väter.

„Mein Herr, dieser Kaugummi wird die Welt verändern, wenn ich ihn erst in den Geschäften verkaufe! Dieser Kaugummi bedeutet das Ende aller Küchen und aller Kocherei! Man braucht nicht mehr auf den Markt zu gehen und einzukaufen und Lebensmittel nach Hause zu schleppen! Es gibt keine Messer und Gabeln mehr, keine Teller, keinen Abwasch, keinen Abfall, kein Durcheinander in der Küche mehr! Bloß noch ein kleines Stückchen Wonkas Zauber-Kaugummi, mehr braucht man nicht zum Frühstück, Mittagessen und Abendbrot! Dieses Stück Kaugummi hier, das ich da gerade fabriziert habe, ist Tomatensuppe, Rinderbraten und Blaubeerkuchen, aber natürlich kann ich praktisch jedes Gericht, das ihr haben wollt, machen.“

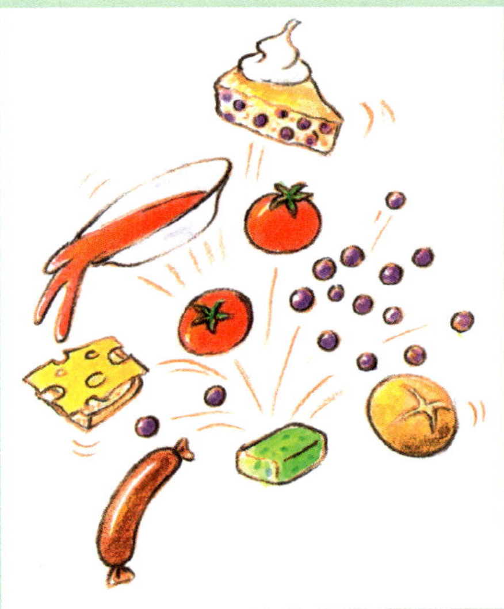

„Wie meinen Sie das … Tomatensuppe, Rinderbraten und Blaubeerkuchen?“, fragte Violetta Beauregarde. „Wenn du diesen Kaugummi kaust, ist es genauso, als äßest du diese Sachen richtig“, erklärte Herr Wonka. „Es ist einfach phantastisch! Du *fühlst* geradezu, wie du das Essen hinunterschluckst! Du schmeckst es regelrecht! Und du wirst sogar richtig satt davon!“ (…)

*Violetta probiert den Kaugummi gegen den Willen von Herrn Wonka mutig aus.*

(...) „Blaubeerkuchen mit Schlagsahne!“, rief Violetta. „Junge, Junge ... einsame Klasse! Genau, als ob ich ihn richtig äße! Genau, als ob ich große Bissen von dem besten Blaubeerkuchen der Welt kaute und runterschluckte!“ „Lieber Himmel, Mädchen! Was ist denn mit deiner Nase los!“, rief Frau Beauregarde plötzlich und starrte Violetta an. „Na, was soll schon sein?“, sagte Violetta. „Lass mich nur essen.“

„Sie wird blau! Deine Nase wird so blau wie eine Blaubeere!“, schrie Frau Beauregarde. „Deine Nase ist purpurrot!“, sagte Herr Beauregarde. „Spinnt ihr oder was?“, fragte Violetta und kaute unbeirrt weiter.

„Deine Backen ... sie werden auch blau! Dein Kinn, dein ganzes Gesicht wird blau!“, schrie Frau Beauregarde. (...) „Ich habe ja gesagt, dass der Kaugummi noch nicht ganz fertig entwickelt ist!“, seufzte Herr Wonka und schüttelte betrübt den Kopf.

Aus: Roald Dahl: Charlie und die Schokoladenfabrik. 12. Auflage. Hamburg 2009. S. 98–101.

**6 Erkläre, wieso es sich bei dem nebenstehenden Textauszug um einen Teil einer Fantasiegeschichte handelt.**

### Geschichte zu einem Bild

1 Rechts siehst du ein Bild mit zwei Katzen auf einem fliegenden Teppich. Überlege dir:
- Wieso können die Katzen auf ihren Teppichen wohl fliegen?
- Wohin fliegen sie vielleicht?
- Wer begegnet ihnen unterwegs?
- Wohin schauen die beiden Katzen?
- ...

2 Erfinde eine unglaubliche Fantasiegeschichte zu dem Bild.

3 Überprüfe, ob deine Geschichte alle Merkmale aus dem Wissensteil erfüllt. Überarbeite sie, wenn das nötig ist.

**Die fliegenden Katzen**

4 Woran erkennst du, dass der Text aus einer Fantasiegeschichte stammt?

5 Bens Befürchtung wird Wahrheit: Alle Erwachsenen der Stadt sind verschwunden, es sind nur noch Kinder bis 15 Jahre da. Stell dir das einmal vor! Welche Folgen hat das in der Schule, bei dir zuhause, im Kaufhaus, ...?
Was wäre besser ohne Erwachsene, was wäre aber auch schwierig?

ANDREAS SCHLÜTER: **Level 4 – Die Stadt der Kinder**

*Hier ein Auszug aus einem Jugendbuch, in dem ein Computerspiel Wirklichkeit wird:*

Plötzlich machte sich ein völlig verrückter Gedanke in Bens Kopf breit: Zum ersten Mal erscheint meine Mutter nicht zu Hause, auf der Straße fährt kein einziges Auto, die Stadt ist wie leer gefegt, in der Eisdiele ist niemand und Jennifers Eltern sind auch weg. Das ist „... wie im Computerspiel“, sagte Ben plötzlich laut.

„Wie bitte?“, fragte Jennifer gereizt. „Kannst du niemals an etwas anderes denken als an deinen idiotischen Computer?“

„'tschuldigung", murmelte Ben nur. Jennifer hatte ja Recht. Wie konnte er jetzt nur wieder an seinen Computer denken? Dennoch: Es war wie in seinem neuen Computerspiel. Auch dort verschwinden von Bild zu Bild immer mehr Menschen aus der Stadt, und zwar nur die Erwachsenen. Aufgabe des Spiels ist es, mit der Figur so viele Kinder wie möglich zu versammeln und die Stadt zu retten. Für jede Funktion in der Stadt, die man am Leben erhält, gibt es Punkte. So geht das Spiel – wenn es funktioniert. Aber das Spiel war kaputt. Und seitdem vermisste er seine Mutter, wartete Jennifer auf ihre Eltern …

Aus: Andreas Schlüter: Level 4 – Die Stadt der Kinder. 12. Auflage. München 2005. S. 28.

**6** Schreibe eine Fantasiegeschichte zum Thema „Die Stadt der Kinder". Beachte die Merkmale, die du für eine Fantasiegeschichte kennengelernt hast. Nimm ein Extrablatt.

______________________________

______________________________

______________________________

______________________________

______________________________

______________________________

**7** Rechts findest du drei verschiedene Einleitungen zu Geschichten.

**Eine Geschichte zu Ende führen**

**A** Sebastians Eltern waren eines Abends im Kino. Er saß alleine vor dem Computer und spielte noch ein wenig. „Oha, schon Zeit fürs Bett, ich hole mir nur noch schnell eine Flasche Wasser aus dem Keller." Sebastian lief die kleine Treppe hinab. Plötzlich ein lauter Knall. War die Tür oben an der Treppe zugefallen?

**B** Tina wollte nach dem Reiten ein wenig entspannen. Sie war in den Herbstferien jeden Tag im Stall, jetzt brauchte sie eine heiße Badewanne. Langsam schloss sie die Augen, wie gut das Wasser doch tat! Als sie die Augen öffnete, glaubte sie, sie träumt. Aus dem Spülkasten der Toilette kletterte ein kleines grünes Männchen, das freundlich grüßte: „Moin! Bin ich hier richtig im Badezimmer der Familie Schmidt?"

**C** „Heute lernen wir einen ganz besonderen Trick", sagte der Lehrer der Zauberschule in der letzten Woche. Franzi rutschte nervös hin und her! Endlich ein neuer Trick, der Unterricht in den letzten Tagen war wirklich langweilig gewesen. Immer nur Kaninchen verschwinden lassen und auf Besen reiten. Was der Lehrer wohl zu bieten hatte?

a) Wie werden die vier W-Fragen beantwortet?

b) Wähle einen Anfang aus und schreibe die Geschichte weiter.

c) Finde zum Abschluss auch eine passende Überschrift.

## Texte überarbeiten

### Die Verschiebeprobe

**8** Stelle die Satzglieder in dem Text rechts um, sodass sich die Sätze abwechslungsreicher anhören, beginne also nicht immer mit dem Subjekt.

Wir liefen um unser Leben. Wir konnten den heißen Atem des Ungeheuers dicht hinter uns hören. Wir erreichten die Tür an der Treppe. Und wir öffneten sie mit letzter Kraft. Wir schlossen sie schnell hinter uns zu. Wir drehten den Schlüssel um. Wir waren in Sicherheit!

### Die Ersatzprobe

**9** Ersetze die Wörter, die sich wiederholen, indem du sie durch Begriffe austauscht, die etwas Ähnliches ausdrücken.

Plötzlich sahen wird das Monster an der Tür. Das Monster sah uns an. Wir konnten den Atem des Monsters riechen. Das Monster kam auf uns zu. Wir sprangen zur Seite, um dem Monster zu entkommen.

Ich sagte ihm: „Lass mich in Ruhe." Er sagte nichts. Wieder sagte ich: „Hau ab!" Er sagte nur ganz leise: „Nein, du wirst mich nie mehr los." „Das kann doch alles nicht wahr sein", sagte ich zu mir selbst.

### Die Erweiterungsprobe

**10** In dem Text sind einige Stellen unterstrichen, die man genauer beschreiben kann. Erweitere hier den Text um weitere Details.

Wie gingen durch einen Gang. Die Tür war abgeschlossen. Ich bemerkte, dass ich meine Lampe vergessen hatte. Plötzlich stand ein Mann vor uns. Er sagte: „Was sucht ihr an diesem Ort?“ Ich stieß gegen eine Kiste. Gedanken schossen mir durch den Kopf.

### Spannend formulieren

**11** Untersuche bei dem Textausschnitt rechts, wie der Autor Mark Twain bei seinen Lesern Spannung erzeugt. Schreibe auf.

MARK TWAIN: **Tom Sawyers Abenteuer**

Der Indianer-Joe erhob sich und ging von einem Fenster zum andern, sorgfältig hinausspähend. Dann sagte er: „Wer mag bloß das Werkzeug hergebracht haben? Meinst du, sie könnten vielleicht da oben sein!“

Den Jungen stockte der Atem. Der Indianer-Joe legte die Hand auf sein Messer, zögerte einen Augenblick und wandte sich dann der Treppe zu. Die Jungen dachten an den Wandschrank, aber alle Kraft hatte sie verlassen. Knarrend kamen Schritte die Treppe herauf – die unerträgliche Not ihrer Lage weckte ihre Entschlusskraft; gerade wollten sie zu dem Wandschrank springen, als ein Krachen zu hören war und der Indianer-Joe in den Trümmern der zusammengebrochenen Treppe auf dem Boden landete.

Aus: Mark Twain: Tom Sawyers Abenteuer. Ravensburg 1968. S. 135.

## Reizwortgeschichte

1 Schreibe eine Fantasiegeschichte, die in der Wirklichkeit so nicht passieren könnte, in der die drei Wörter, die du rechts findest vorkommen.

2 Überarbeite die Sprache der Geschichte. Versuche sie noch spannender und abwechslungsreicher zu gestalten.

Mittagessen
Besen
Mücke

## Geschichte zu einem Bild

3 Schaue dir das Bild an und überlege: Woher könnte der Stein kommen? Wer könnte ihn in den Garten gestellt haben? Wie könnte man den Stein vielleicht wieder loswerden?

4 Schreibe nun eine Fantasiegeschichte, in der du den oben angegebenen Anfang nutzt.

**„Der Stein in meinem Garten“**

Als ich gestern aus dem Haus kam, traute ich meine Augen nicht. Plötzlich stand dieser drei Meter hohe Stein vor meiner Haustür. Ich konnte mich nur mit Mühe daran vorbeidrücken. Was hatte das zu bedeuten?

## Geschichte zu einem Gedicht

5 **Lies das Gedicht „Vom Schlaraffenland". Was würde dir dort gefallen? Was würdest du dort sofort tun? Mit wem wärest du gerne im Schlaraffenland? Was würde dich dort aber vielleicht langweilen und dir nicht so gut gefallen? Was würde fehlen?**

AUGUST HEINRICH HOFFMANN VON FALLERSLEBEN:

**Vom Schlaraffenland**

Kommt, wir wollen uns begeben
jetzo ins Schlaraffenland.
Sehr, da ist ein lustig Leben
und das Trauern unbekannt!
Seht, da lässt sich billig leben
und umsonst recht lustig sein,
Milch und Honig fließt in Bächen,
aus den Felsen quillt der Wein.

Und von Kuchen, Butterwecken
sind die Zweige voll und schwer.
Feigen wachsen in den Hecken,
Ananas im Busch umher.
Keiner darf sich mühn und bücken,
alles stellt von selbst sich ein.
Oh, wie ist es ein Entzücken!
Ei, wer möchte dort nicht sein.

Und die Straßen allerorten,
jeder Steg und jede Bahn,
Sind gebaut aus Zuckertorten
und Bonbons und Marzipan.
Und von Brezeln sind die Brücken
aufgeführt gar hübsch und fein.
Oh, wie es ein Entzücken!
Ei, wer möchte dort nicht sein.

Ja, das mag ein schönes Leben
und ein herrlich Ländchen sein.
Mancher hat sich hinbegeben,
aber keiner kam hinein.
Ja, und habt ihr keine Flügel,
nie gelangt ihr bis ans Tor,
denn es liegt ein breiter Hügel
ganz von Pflaumenmus davor.

Aus: Zauberwort. Die schönsten Gedichte für Kinder aus vier Jahrhunderten. Würzburg 2004. S. 108–109.

6 **Schreibe nun eine Fantasiegeschichte, in der dir etwas Aufregendes im Schlaraffenland passiert.**

| Was ich kann. Meine Kompetenzen | Ja. | Nein, nochmals üben ab | |
|---|---|---|---|
| Den Begriff „Fantasie" erklären. | | | Seite 42 |
| Den Aufbau einer Geschichte kennen. | | | Seite 42 f.; 44: A 2a |
| Wissen, welche Informationen in einer Einleitung einer Geschichte stehen müssen. | | | Seite 42 f. |
| Wissen, wie der Hauptteil einer Geschichte aufgebaut sein muss. | | | Seite 42 f.; 50: A 7 |
| Wissen, welche Informationen im Schluss einer Geschichte stehen müssen. | | | Seite 42 f. |
| Eigene Fantasiegeschichten planen und schreiben können. | | | Seite 43; 45: A 5 |
| Mittel, mit denen man eine Fantasiegeschichte sprachlich verbessern kann, benennen. | | | Seite 43;<br>51: A 8 u. 9;<br>52: A 10 u. 11 |
| Eine Fantasie- und Reizwortgeschichte sprachlich überarbeiten können. | | | Seite 42 f.;<br>51: A 8 u. 9;<br>52: A 10 u. 11 |

## Was ist eigentlich eine Fabel?

- Eine Fabel ist eine kurze Geschichte.
- In der Fabel handeln und reden Tiere und Pflanzen stellvertretend für Menschen.
- Die typischen menschlichen Eigenschaften und Verhaltensweisen werden kritisiert.
- Die Lehre oder Moral einer Fabel wird entweder offen ausgesprochen oder muss vom Leser selbst erschlossen werden.

**Typische Merkmale von Tieren in einer Fabel:**
In Fabeln tauchen sehr häufig immer wieder dieselben Tiere auf. Diese haben dann ganz bestimmte Eigenschaften und Charakterzüge.
Hier findest du eine Übersicht über einige typische Figuren aus der Fabel. Rechts findest du einige Beispielsätze aus ganz unterschiedlichen Fabeln:

| Tier | Eigenschaften |
|---|---|
| Rabe | gierig, eitel |
| Fuchs | listig, schlau, hinterhältig |
| Hase | schnell, clever, aber: überschätzt sich oft |
| Wolf | hinterhältig, verschlagen |
| Esel | gutmütig, lieb, dumm, naiv |
| Hund | gierig |
| Löwe | mächtig (König der Tiere), stark, erhaben, weise |

Dem Raben taten diese Schmeicheleien so wohl, dass er seinen Schnabel weit aufsperrte, um dem Fuchs etwas vorzusingen. Dabei entfiel ihm der Käse. Den nahm der Fuchs behänd, fraß ihn und lachte über den törichten Raben.

Da lachte der Wolf und zeigte mit einem gemeinen Grinsen sein großes Gebiss.

Es lief ein Hund durch einen Wasserlauf und hatte ein Stück Fleisch im Maul. Als er aber das Spiegelbild vom Fleisch im Wasser sah, wähnte er, es wäre auch Fleisch, und schnappte gierig danach.

Martin Luther: Rabe und Fuchs. Aus: Dithmar, R. (Hrsg.): Falben aus drei Jahrtausenden. Zürich 1992.

## Fabeln des Äsop

1 **Lies die Fabel auf der rechten Seite. Was geschieht in dem Text? Fasse den Inhalt kurz mit eigenen Worten schriftlich zusammen.**

ÄSOP: **Der Wolf und der Kranich**

Als ein Wolf eines Tages beim Essen war, blieb ihm ein Knochen im Halse stecken, sodass er fast erstickte. Er keuchte und würgte und heulte über das ganze Land. Er bat alle Tiere verzweifelt, ihm zu helfen, und versprach: „Wer mich rettet, bekommt eine hohe Belohnung!“

Ein Kranich, der dieses Versprechen hörte, bot seine Hilfe an. „Öffne deinen Rachen ganz weit, Wolf“, sagte er und steckte seinen langen Schnabel tief in den Schlund. Er holte den Knochen heraus und sagte: „Hier ist der Knochen, der dich gequält hat! Nun gib mir die Belohnung!“

Da lachte der Wolf und zeigte mit einem gemeinen Grinsen sein großes Gebiss. „Belohnung“, sagte er und hatte seinen schmerzenden Hals schon völlig vergessen. „Du kannst froh sein, dass ich dir nicht den Kopf abgebissen habe. Das sollte genug Belohnung für dich sein, du undankbarer Vogel!“

Aus: Irmscher, Johannes (Hrsg.): Antike Fabeln. Berlin/Weimar 1991.

2 **Die Geschichte ist eine Fabel. Erkläre mit Hilfe der Merkmale einer Fabel, warum das so ist. Vervollständige dazu die folgenden Sätze.**

Eine Fabel ist eine kurze Geschichte. Dieses Merkmal trifft auf „Der Wolf und der Kranich zu“, weil ______________________

______________________________________________

______________________________________________

In der Fabel handeln und reden Tiere und Pflanzen stellvertretend für Menschen. Dies sieht man in der vorliegenden Fabel z. B. bei folgender Textstelle: ______________________

______________________________________________

______________________________________________

Die typischen menschlichen Eigenschaften und Verhaltensweisen werden kritisiert. Die Fabel „Der Wolf und der Kranich“ kritisiert, dass viele Menschen ______________________

______________________________________________

______________________________________________

Die Lehre oder Moral einer Fabel wird entweder offen ausgesprochen oder muss vom Leser selbst erschlossen werden. In der Fabel „Der Wolf und der Kranich“ ist es so, dass ______

**3** Wölfe werden in Fabeln oft als hinterhältig beschrieben.

**a)** Erkläre schriftlich, warum das auch für die Fabel „Der Wolf und der Kranich“ zutrifft.

**b)** Beurteile das Verhalten des Wolfes.

**4** Wie verhält sich der Kranich? Beschreibe sein Verhalten mit möglichst treffenden Adjektiven.

**5** Lies die Fabel auf der rechten Seite. Was geschieht in dem Text? Fasse den Inhalt kurz mit eigenen Worten zusammen.

ÄSOP: **Der Löwe und das Mäuschen**

Ein Mäuschen lief über einen schlafenden Löwen. Der Löwe erwachte und ergriff es mit seinen gewaltigen Tatzen.

„Verzeih mir“, flehte das Mäuschen, „meine Unvorsichtigkeit und schenke mir mein Leben, ich will dir ewig dafür dankbar sein. Ich habe dich nicht stören wollen.“ Großmütig schenkte ihm der König der Tiere die Freiheit und fragte sich lächelnd: „Wie will wohl ein Mäuschen einem Löwen dankbar sein?“

Kurze Zeit darauf hörte das Mäuschen in einem Loch das fürchterliche Gebrüll eines Löwen, lief neugierig dahin, von wo der Schall kam, und fand seinen Wohltäter in einem Netz gefangen. Sogleich eilte es herzu und zernagte einige Knoten des Netzes, sodass der Löwe mit seinen Tatzen das übrige zerreißen konnte.

Selbst unbedeutende Menschen können bisweilen Wohltaten mit Wucher vergelten, darum behandele auch den Geringsten nicht übermütig.

Anmerkung: mit Wucher = reichlich

Aus: Johannes Irmscher, (Hrsg.): Antike Fabeln. Berlin/Weimar 1991.

6 Weise mit Hilfe der Merkmale einer Fabel nach, dass es sich bei „Der Löwe und das Mäuschen“ um eine Fabel handelt.

7 a) Beschreibe die Eigenschaften/den Charakter des Löwen mit treffenden Adjektiven.

b) Vergleiche die Eigenschaften aus Aufgabenteil a) mit den typischen Eigenschaften eines Löwen in einer Fabel.

Fitness-Einheit

# Training 5 Fabeln untersuchen 1

**1** Lies die Fabel aufmerksam durch. Welche Gedanken könnten dem Hund durch den Kopf gegangen sein, nachdem er das Fleisch verloren hat? Schreibe diese Gedanken und Gefühle in einem inneren Monolog nieder.

**2** Martin Luther (1483–1546) hat seiner Fabel keine Überschrift gegeben. Welche findest du besonders treffend?

**3** Beschreibe die Eigenschaften des Hundes. Versuche, möglichst viele Adjektive zu finden.

**4** Warum handelt es sich bei der Geschichte überhaupt um eine Fabel?

**5** Erkläre den letzten Satz der Fabel. Was meint Luther damit eigentlich?

MARTIN LUTHER

Es lief ein Hund durch einen Wasserlauf und hatte ein Stück Fleisch im Maul. Als er aber das Spiegelbild vom Fleisch im Wasser sah, wähnte er, es wäre auch Fleisch, und schnappte gierig danach. Da er aber das Maul auftat, entfiel ihm das Fleisch, und das Wasser führte es weg. Also verlor er beides: Fleisch und das Spiegelbild.

Lehre: Man soll sich begnügen an dem, was Gott gibt. Wer das wenige verschmähet, dem wird das Große nicht. Wer zu viel haben will, der behält zuletzt nichts. Mancher verliert das Gewisse über dem Ungewissen.

Aus: R. Dithmar (Hrsg.): Fabeln aus drei Jahrtausenden. Zürich 1992.

**6** Lies die gereimte Fabeln von Jean de la Fontaine. Versuche, sie auch einmal laut und möglichst ausdrucksvoll vorzulesen, vielleicht kannst du sie sogar jemandem vortragen.

JEAN DE LA FONTAINE: **Der Frosch und der Ochse**

Ein Frosch sah einen Ochsen stehn
Von mächt'gem Wuchs auf einer Wiese.
Selbst winzig wie ein Ei, wollt er vor Neid vergehn.
Groß möchte er sein wie dieser Riese!

Er bläht sich auf, wird dicker, mehr und mehr.
„He, Schwester“, ruft er, „schau mal her!“
Sag, ist es schon so weit? Ich schaff's auf jeden Fall!“
„Ach, keineswegs!“ – „Und jetzt?“ – „Nie wirst du solch ein Koloss!“
„Und jetzt?“ – „Hör auf!“ – „Und jetzt?“ – Da gab es einen Knall.
Geplatzt war er, der Gernegroß!

Es wimmelt auf der Welt von aufgeblähten Bäuchen.
Ein Schloss möchte sich erbau'n der kleinste Krämer schon,
Gesandte hielte gern sich ein Provinzbaron
Und Pagen jeder Geck, um großen Herren zu gleichen.

Jean de la Fontaine: Der Frosch und der Ochse. Aus: Der Ochse und das Harfenspiel. Berlin 1974. S. 104 f.

**7** Warum ist dieses Gedicht eine Fabel? Erkläre mit Hilfe der dir bekannten Merkmale.

**8** Welche Eigenschaften hat der Frosch, welche der Ochse?

**9** Auch Menschen können „sich aufblasen!“ Kennst du Beispiele? Vielleicht helfen dir die Ideen aus der letzten Strophe.

**10** **Schreibe die Fabel, die ja wie ein Gedicht geschrieben ist, in einen erzählten Text um. Welche Fassung gefällt dir besser?**

Rechts findest du einen Auszug aus dem 144-seitigen Buch „Winzling" von Marion Dane Bauer.

**11** **Lies den Textauszug aufmerksam durch.**

MARION DANE BAUER: **Winzling**

*Silber – eine Wölfin – hat gerade einen Wurf von fünf Welpen zur Welt gebracht. Einer der fünf ist sehr klein und wird deshalb von der Mutter „Winzling" getauft.*

(…) In den nächsten Wochen entdeckten Winzling und seine Geschwister langsam ihre Sinne, die Welt des Riechens, Sehens und Hörens. Ihre Augen öffneten sich. Nadelspitze Zähnchen brachen durch das rosige Zahnfleisch. Sie tranken die warme Milch ihrer Mutter und kuschelten sich zum Schlafen neben sie, wachten auf, tranken erneut und schliefen dann wieder ein. Silber verließ sie nur, wenn sie selbst trinken musste, doch auch dann war sie fast immer zurück, noch bevor die verwirrten Welpen ihre Abwesenheit bemerkt hatten.

Allmählich nahmen die Kleinen den großen schwarzen Wolf wahr, der oft in den Bau kam. Er brachte den überwältigenden Duft von Fleisch mit, das er für ihre Mutter hereinschleppte oder hochwürgte. Aber noch interessierten sich die Welpen nicht für Fleisch.

Wenn sie übereinander krabbelten, um an die Milch, Wärme oder zärtliche Fürsorge ihrer Mutter zu kommen, nahmen sie sich allmählich auch gegenseitig wahr. Aus dem Kriechen wurde bald ein unsicheres Gehen auf schwankenden Beinen. Dann folgten die ersten Sprünge und wenig später unbeholfene Rangeleien.

Und sie wuchsen. Ihre runden Bäuche waren ständig randvoll mit Milch, daher verdoppelten oder verdreifachten sie ihr Gewicht in einer Woche und verdreifachten es dann noch einmal in den folgenden drei Wochen. Natürlich wuchs auch Winzling, aber er blieb immer der Kleinste, viel kleiner als seine beiden Schwestern. Wenn die Welpen Ringkampf spielten, lag er ganz unten. Wenn zwei um die gleiche Zitze rangelten, wurde er immer beiseite gedrängt.

Doch er akzeptierte seine Unterlegenheit klaglos, wie es Kinder und Jungtiere tun. Er nahm auch seinen Namen hin. Seine Mutter sprach ihn so zärtlich und melodisch aus: „Winzling. Süßer Winzling. Mein lieber kleiner Winzling."

Aus: Marion Dane Bauer: Winzling. 3. Auflage. München 2007. S. 13–14.

**12** **a)** Wie werden die Wölfe in dem Textauszug beschrieben? Beachte auch die Beschreibung des Vaters, also des großen schwarzen Wolfes.

**b)** Vergleiche die Beschreibung mit der typischen Darstellung von Wölfen in einer Fabel.

**13** Der Text ist keine Fabel. Erkläre, woran du das erkennen kannst.

**1** **Lies die Fabel aufmerksam durch. Wie viele Tiere und Personen treten auf? Wer ist eigentlich das „Ich"?**

**2** **Weise nach, dass es sich bei der Geschichte „Der Artist" um eine Fabel handelt.**

**3** **Welche Eigenschaften hat der Hahn? Finde treffende Adjektive und schreibe jeweils die Zeile auf, mit der du diese Adjektive belegen kannst.**

SLAWOMIR MROZEK: **Der Artist**

Der Hahn las die Anzeige: Tiere gesucht – der Zirkus. „Ich melde mich", sagte er und legte die Zeitung zusammen. „Schon immer wollte ich Artist werden."

Unterwegs spann er große Pläne: „Ruhm und Geld. Und vielleicht sogar Reisen ins Ausland." „Und zurück", fügte der Fuchs hinzu. „Warum zurück? Im Ausland werde ich einen Vertrag mit der Metro-Goldwyn-Mayer[1] unterschreiben."

Der Direktor empfing ihn im Freien, wo er amtierte. Gerade wurde das Zirkuszelt aufgestellt. Ich und der Fuchs blieben in der Nähe stehen. „Es freut mich sehr, dass Sie sich bei uns melden. Dürfte ich um Ihren werten Namen bitten?" „Löwe", stellte der Hahn sich kurz vor. „Löwe?" Der Direktor wunderte sich. „Sind Sie sich dessen sicher?" „Eventuell Tiger." „Nun gut. Dann brüllen Sie mal."

Der Hahn brüllte so gut er konnte. „Naja, nicht schlecht, aber es gibt bessere Löwen als Sie … Wenn Sie sich als Hahn verpflichten würden, wäre das etwas anderes. Dann könnte ich Sie engagieren."

„Ich denke nicht daran, Ihnen zuliebe einen Vogel vorzutäuschen", antwortete der Hahn gekränkt. „Dann auf Wiedersehen."

Auf dem Rückweg schwieg der Hahn grollend. Schließlich hielt ich das nicht mehr aus. „Was ist dir nur eingefallen, warum wolltest du den Löwen spielen?" „Warum, warum …", antwortete der Fuchs für ihn. „Hast du je einen Artisten ohne Ehrgeiz gesehen?"

[1] amerikanische Filmgesellschaft

Aus: Slawomir Mrozek: Mein unbekannter Freund. Diogenes Verlag AG. Zürich 1999.

4 **Am Ende antwortet der Fuchs für den Hahn. Welche Antwort würde der Hahn wohl geben?**

| **Was ich kann. Meine Kompetenzen** | **Ja.** | **Nein, nochmals üben ab** | |
|---|---|---|---|
| Die Merkmale einer Fabel kennen. | | | Seite 56 |
| Erklären, warum es sich bei einem Text um eine Fabel handelt oder nicht. | | | Seite 56; 57: A 2; 59: A 6; 60: A 4; 61: A 7; 63: A 13 |
| Den Inhalt einer Fabel mit eigenen Worten erzählen können. | | | Seite 57: A 1; 58: A 5 |
| Die typischen Eigenschaften von bestimmten Tierarten in einer Fabel benennen. | | | Seite 56 |
| Die Eigenschaften (also den Charakter) eines Tieres in einer Fabel mit Adjektiven benennen. | | | Seite 56; 58: A 4; 59: A 7; 60: A 3; 61: A 8; 63: A 12 |

# Wissen

## Der Aufbau einer Fabel

In **Einheit 5** hast du schon viel über Fabeln gelernt. In diesem Kapitel kommen nun noch **zwei wichtige Bausteine** hinzu:

- der Aufbau einer Fabel
- die Lehre/Moral einer Fabel

(Fast) Jede Fabel ist nach einem bestimmten Muster aufgebaut:

1. Ausgangssituation, Einleitung
2. eine der Hauptfiguren (zumeist ein Tier) handelt = Aktion
3. die andere Hauptfigur (ebenfalls fast immer ein Tier) reagiert auf die Handlung = Reaktion
4. Die beiden Handlungen (2. und 3.) führen zu einem Ergebnis.

(5. manchmal wird die Lehre offen genannt, in anderen Fabeln fehlt dieser Teil und die Moral muss selbst erschlossen werden)

## Die Lehre einer Fabel

Jede Fabel wird geschrieben, damit der Leser etwas daraus lernen kann. Mit einer Geschichte aus der Tierwelt sollen Fehler im Verhalten der Menschen kritisiert werden.
Die Lehre wird manchmal offen gesagt, oft (wie bei „Der Wolf und der Kranich") muss der Leser selbst darüber nachdenken. Man kann dann etwas für sein eigenes Verhalten aus der Geschichte lernen.
Die Lehre einer Fabel kennt man oft auch aus Sprichwörtern, z. B. „Der Klügere gibt nach." oder „Wer zuletzt lacht, lacht am besten."

# Fitness-Einheit 6 Fabeln untersuchen 2

ÄSOP: **Der Wolf und der Kranich**

Als ein Wolf eines Tages beim Essen war, blieb ihm ein Knochen im Halse stecken, sodass er fast erstickte. Er keuchte und würgte und heulte über das ganze Land. Er bat alle Tiere verzweifelt, ihm zu helfen, und versprach: „Wer mich rettet, bekommt eine hohe Belohnung!"

Ein Kranich, der dieses Versprechen hörte, bot seine Hilfe an. „Öffne deinen Rachen ganz weit, Wolf", sagte er und steckte seinen langen Schnabel tief in den Schlund. Er holte den Knochen heraus und sagte: „Hier ist der Knochen, der dich gequält hat! Nun gib mir die Belohnung!"

Da lachte der Wolf und zeigte mit einem gemeinen Grinsen sein großes Gebiss. „Belohnung", sagte er und hatte seinen schmerzenden Hals schon völlig vergessen. „Du kannst froh sein, dass ich dir nicht den Kopf abgebissen habe. Das sollte genug Belohnung für dich sein, du undankbarer Vogel!"

Aus: Irmscher, Johannes (Hrsg.): Antike Fabeln. Berlin/Weimar 1991.

Aufbau:

Z. 1–2: Ausgangssituation
Z. 2–5. Aktion des Wolfes
Z. 6–10: Reaktion des Kranichs
Z. 11–Ende: Ergebnis der Handlung

Die Lehre/Moral wird in dieser Fabel nicht genannt, der Leser muss sich selbst herausfinden/sich überlegen.

## Wie erschließt man die Lehre / Moral?

Stelle dir die folgenden Fragen:

- Wessen Verhalten wird kritisiert?
- Welche Eigenschaft dieses Tieres wird kritisiert?
- Was hätte das Tier anders machen sollen?
- Was kann ich als Mensch daraus lernen?
- Gibt es vielleicht ein Sprichwort, das diese Lehre auch aussagt?

Für die Fabel „Der Wolf und der Kranich“ könntest du die folgenden Antworten finden:

→ Der Wolf wird kritisiert.

→ Er ist nicht dankbar und hält sein Versprechen nicht ein.

→ Er hätte sich bedanken und zu seinem Wort stehen sollen.

→ Ich muss es anerkennen, wenn andere mir geholfen haben. Viele Menschen sind sehr undankbar und sehen nicht, wenn andere etwas für sie getan haben.

→ Undank ist der Welt Lohn.

Fitness-Einheit

Kurs

# 6 Fabeln untersuchen 2

MARTIN LUTHER: **Rabe und Fuchs**

Ein Rabe hatte einen Käse gestohlen, flog damit auf einen Baum und wollte dort seine Beute in Ruhe verzehren. Da es aber der Raben Art ist, beim Essen nicht schweigen zu können, hörte ein vorbeikommender Fuchs den Raben über dem Käse krächzen. Er lief eilig hinzu und begann den Raben zu loben: „O Rabe, was bist du für ein wundervoller Vogel! Wenn dein Gesang ebenso schön ist wie dein Gefieder, dann sollte man dich zum König aller Vögel krönen!“

Dem Raben taten diese Schmeicheleien so wohl, dass er seinen Schnabel weit aufsperrte, um dem Fuchs etwas vorzusingen. Dabei entfiel ihm der Käse. Den nahm der Fuchs behänd, fraß ihn und lachte über den törichten Raben. Hüte dich vor Schmeichlern.

Aus: R. Dithmar (Hrsg.): Falben aus drei Jahrtausenden. Zürich 1992.

**1** Erzähle mit eigenen Worten schriftlich, was dem Raben passiert ist.

**2** Untersuche den Aufbau der Fabel. Finde die fünf typischen Abschnitte der Fabel.

**3** Warum handelt es sich bei der Geschichte um eine Fabel? Erkläre mit Hilfe der Merkmale einer Fabel, die du in Einheit 5 kennengelernt hast.

**4** Welche Eigenschaften haben der Fuchs und der Rabe?

**5** Wer ist deiner Meinung nach der „Gewinner“ in der Fabel? Begründe deine Antwort.

# 6 Fabeln untersuchen 2

**6** **Erkläre den letzten Satz der Fabel. Fällt dir ein Beispiel aus deinem Alltag ein, in dem die Lehre auch gegolten hat?**

Diese Fabel rechts hast du vielleicht schon in Einheit 5 bearbeitet. Mit dem Wissen aus daraus kannst du aber noch weitere Aufgaben lösen.

ÄSOP: **Der Löwe und das Mäuschen**

Ein Mäuschen lief über einen schlafenden Löwen. Der Löwe erwachte und ergriff es mit seinen gewaltigen Tatzen.

„Verzeih mir", flehte das Mäuschen, „meine Unvorsichtigkeit und schenke mir mein Leben, ich will dir ewig dafür dankbar sein. Ich habe dich nicht stören wollen." Großmütig schenkte ihm der König der Tiere die Freiheit und fragte sich lächelnd: „Wie will wohl ein Mäuschen einem Löwen dankbar sein?"

Kurze Zeit darauf hörte das Mäuschen in einem Loch das fürchterliche Gebrüll eines Löwen, lief neugierig dahin, von wo der Schall kam, und fand seinen Wohltäter in einem Netz gefangen. Sogleich eilte es herzu und zernagte einige Knoten des Netzes, sodass der Löwe mit seinen Tatzen das übrige zerreißen konnte.

Selbst unbedeutende Menschen können bisweilen Wohltaten mit Wucher vergelten, darum behandele auch den Geringsten nicht übermütig.

Aus: Johannes Irmscher (Hrsg.): Antike Fabeln. Berlin/Weimar 1991.
Anmerkung: mit Wucher = reichlich

**7** **Untersuche den Aufbau der Fabel. Finde die typischen Abschnitte einer Fabel.**

**8** **Welches Verhalten wird hier gelobt?**

**9** **Wie lautet die Moral der Fabel? Kannst du sie an einem Beispiele aus deinem Alltag anschaulich erklären?**

# Training

# 6 Fabeln untersuchen 2

**1** **In der Fabel „Der Affe und der Löwe“ wurden die letzten vier Zeilen weggelassen. Was glaubst du, wie geht die Geschichte aus? Wie reagiert der Löwe auf den hinkenden Affen?**

Vergleiche deine Lösung mit dem Originaltext im Lösungsteil. Gehe erst dann zu den weiteren Aufgaben über, weil sie die Kenntnis des gesamten Textes voraussetzen. (s. S. 141)

GOTTLIEB KONRAD PFEFFEL: **Der Affe und der Löwe**

Der Löwe brach ein Bein. Man rief
Den Doctor Fuchs, ihn zu kurieren;
Doch alles Drehen, Schindeln, Schmieren
Half nichts; das Bein blieb lahm und schief.
Um den Monarchen zu hofieren,
Erschien sein erster Hofpoet,
Ein Affe, der gar schlau sich dünkte,
Ein in der Residenz und hinkte
So arg als seine Majestät.
„Wie?“, sprach der Fürst ergrimmt zum Gecken,
„Ich glaube gar, du willst mich necken?“
„Ich?“, lallte Matz. „Behüte Gott!
Mich trieb die schönste meiner Pflichten,
Als treuer Knecht als Patriot,
Nach deinem Vorbild mich zu richten.“

Aus: R. Dithmar (Hrsg.): Fabeln aus drei Jahrtausenden. Zürich 1998. S. 191.

**2** **Untersuche den Aufbau der Fabel.**

**3** **Warum wird der Löwe zornig? Was missfällt ihm am Verhalten des Affen?**

**4** **Findest du es gerecht, wie der Löwe mit dem Affen umgeht?**

**5 Formuliere die Moral aus dieser Fabel. Was kann ich aus der Geschichte lernen?**

Gehe nochmals in die Einheit 5. Dort hast du verschiedene Fabeln gefunden, die du nun nochmals bearbeiten sollst:

**Jean de la Fontaine:**
Der Frosch und der Ochse (S. 61)

**6 Untersuche den Aufbau der Fabel.**

**7 Welches Verhalten wird hier kritisiert?**

**8 Formuliere die Moral/die Lehre aus dieser Fabel.**

**Slawomir Mrozek:** Der Artist (S. 64)

**9 Untersuche den Aufbau der Fabel.**

**10** Welches Verhalten wird hier kritisiert?

**11** Formuliere die Moral / die Lehre aus dieser Fabel.

**Zwei sehr kurze Fabeln**

W. LIEBCHEN: **Festhalten**

In der Mulde einer Mauerspalte entdeckte ein Affe eine Nuss. Gleich schob er seine flache Hand durch diese Enge, und glücklich hielt er bald die Nuss in seiner Faust. Doch durch den Spalt ließ sich die Faust nicht ziehen. Sie aber öffnen, hieße jetzt Verzicht. Was er erreicht hat, wieder aufzugeben, auf den Gedanken kam er nicht. Festhaltend, hielt ihn die Mauer fest – bis er verhungert war.

Aus: W. Liebchen: Die Fabel heute. Rhön-Grabfeld 1992. S. 16.

**12** Der Aufbau der Fabel ist nicht ganz typisch. Was ist ungewöhnlich und unterscheidet die Geschichte „Festhalten" von Fabeln, die du bisher kennengelernt hast?

**13** Warum verzichtet der Affe wohl nicht auf die Nuss?

**14** Was geht dem Affen durch den Kopf, nachdem er bemerkt hat, dass die Faust nicht durch den Spalt passt? Schreibe einen inneren Monolog.

**15** Formuliere die Moral der Fabel.

W. LIEBCHEN: **Tagträume**

Die Tanne träumte von Karriere und hoffte auf morgen. Heraus wollte sie aus dem Alltag des Waldes. Und es geschah, dass sie entwurzelt und verladen wurde. Sie bekam einen Preis und wurde auf dem Markt verkauft. Reich staffierte sie der Käufer aus und ließ sie abends in ihrem feierlichen Glanz als Weihnachtsbaum bewundern. Das war so herrschaftlich, dass sie sich ihrer Herkunft schämte. Sie träumte von morgen und war auf das Schönste bedacht. Am nächsten Tag verlor sie ihre Nadeln. Gleich riss der Herr den Schmuck von ihren Zweigen und warf sie auf die Straße. Sie hoffte und träumte, träumte von gestern und morgen. Heute, das war ihr zu gewöhnlich.

Aus: W. Liebchen: Die Fabel heute. Rhön-Grabfeld 1992. S. 13.

**16** Die Haupt„person“ dieser Fabel ist kein Tier, sondern eine Pflanze. Auch der Aufbau der Fabel ist etwas ungewöhnlich. Vergleiche den Aufbau mit dem Schema, das du am Anfang dieser Einheit kennengelernt hast.

**17** Warum ist die Tanne unglücklich? Wie mag ihr bisheriges Leben verlaufen sein?

**18** Kannst du die Tanne verstehen? Hast du schon einmal ähnliche Träume gehabt? Wenn ja, welche?

**19** Formuliere die Moral der Fabel.

## Eine eigene Fabel schreiben – die Fabelwerkstatt

Nun hast du sehr viele Fabeln kennengelernt und bearbeitet. Es ist an der Zeit, einmal selbst eine Fabel zu schreiben.

1 **Wähle die Tiere aus, die in deiner Fabel auftreten. Suche am besten Gegenspieler, die in der Geschichte einen Konflikt miteinander haben.**

**Mögliche Tiere:**
Frosch – Hund – Fuchs – Löwe – Rabe – Wolf – …

2 **Wähle nun ein Thema aus, das du in der Fabel behandeln möchtest. Welche Kritik am menschlichen Verhalten soll dem Leser vermittelt werden?**

**Mögliche Lehren:**
Wer anderen eine Grube gräbt, fällt selbst hinein.
Wer zuletzt lacht, lacht am besten.
Wenn zwei sich streiten, freut sich der Dritte.
Hochmut kommt vor dem Fall.
Lügen haben kurze Beine.
…

**Fabelcheckliste**:

Ist der Text überhaupt eine Fabel, d. h. erfüllt er die Merkmale einer Fabel (kurz, Tiere als Akteure, Lehre am Ende)?
Ist der Text wie eine Fabel aufgebaut (Einführung, Aktion, Reaktion, Ergebnis, Lehre)?
Haben die Tiere die Charaktereigenschaften, die für ihre Art typisch sind?

3 **Verfasse nun deine Fabel.**

4 **Überprüfe deine Fabel mit der Checkliste.**

| Was ich kann. Meine Kompetenzen | Ja. | Nein, nochmals üben ab | |
|---|---|---|---|
| Den typischen Aufbau einer Fabel kennen. | | | Seite 66 |
| Den typischen Aufbau in einer Fabel wiedererkennen und die Fabel in die Abschnitte gliedern. | | | Seite 66; 68: A 2; 69: A 7; 70: A 2; 71: A 6 u. 9; 72: A 12 |
| Leitfragen stellen, um mich der Lehre/Moral der Fabel anzunähern. | | | Seite 67 |
| Die Moral einer Fabel herausfinden und als Satz formulieren. | | | Seite 71: A 5 u. 8; 72: A 11 u. 15; 73: A 19 |
| Die Moral einer Fabel auf mein Alltagsleben übertragen, also z. B. an einem Beispiel erklären. | | | Seite 69: A 6 u. 9 |
| Selbst eine Fabel schreiben. | | | Seite 74: A 1 u. 2 |

# Wissen

## Szenische Texte

Eine Erzählung ist zum Lesen gedacht. Man könnte sie auf der Bühne nicht einfach vorspielen, sondern muss sie in ein **Theaterstück** oder **Schauspiel** übertragen. Dies wird von Schauspielern auf einer Bühne einem Publikum vorgespielt, es ist also nicht zum Lesen, sondern zum **Zuschauen.** Die Schauspieler spielen nicht sich selbst, sondern schlüpfen in eine andere Rolle. Oft tragen sie ein bestimmtes Kleidungsstück, das zur Rolle passt, ein Kostüm. Manchmal sind zur Verdeutlichung der Handlung Gegenstände und Hilfsmittel nötig, die Requisiten. Zur Veranschaulichung des Handlungsortes wird oft ein Bühnenbild gebaut.

Der wichtigste Baustein eines Theaterstücks sind aber die Gespräche der Schauspieler auf der Bühne. Diese nennt man Dialog (Plural: **Dialoge**). Es kann aber auch vorkommen, dass ein Schauspieler alleine auf der Bühne steht und sagt, was er gerade denkt und fühlt. Dies nennt man einen **Monolog**.

Die Gespräche werden im szenischen Text aufgeschrieben, in dem man immer erst die Person nennt, die spricht, und dann genau aufschreibt, was sie sagt. Außerdem schreibt man im Theaterstück auf, was eine Person machen soll, wie sie sich bewegen soll usw. Diese Anweisungen nennt man die Regieanweisungen.

Erzählungen oder Romane sind oft in Kapitel eingeteilt. Diese Einteilung nennt man bei einem Schauspiel **Szene**. Die Szene eines Schauspiels stellt also einen bestimmten Handlungsabschnitt dar. Bei einem Szenenwechsel ändert sich manchmal der Spielort oder es treten andere Personen auf.

Fitness-Einheit

# 7 Einen szenischen Text schreiben

## Eine Handlung – zwei Texte

Maren und Petra sitzen in einem Raum. Sie wundern sich beide, dass sie nicht alleine sind, weil sie dachten, dass sie heute eine neue Jugendsendung „Creeps" im Fernsehen moderieren sollen. Dass noch ein zweites Mädchen ausgesucht wurde, wundert sie. Und dann kommt auch noch Lilly in den Raum und behauptet auch, für die Moderation ausgesucht worden zu sein.

*Hier ist dieselbe Handlung nun als szenischer Text:*

**Maren** Und was machst du?
(Petra zeigt auf das Graffiti.)

**Petra** Na, Creeps.

**Maren** Das mach ich.
(Stille)

**Petra** Also, die haben bei mir angerufen und so.

**Maren** (laut und aufgeregt sprechend) Bei mir auch.

**Petra** Das wusste ich nicht …

**Maren** (spricht dazwischen) Ich auch nicht.

**Petra** Vielleicht machen wir das ja zusammen oder so. Gibt's ja öfters.

**Maren** Ich weiß nicht, was sie dir gesagt haben.

**Petra** Da kommt bestimmt gleich jemand.

**Maren** Aber du hast auch ein Videoband geschickt.

**Petra** Ja klar.
(Lilly kommt herein.)

(…)

**Lilly** Na? Hab ihr auch eine Message gekriegt?

Aus: Lutz Hübner: Creeps. Ein Jugendtheaterstück. Stuttgart 2008. S. 9

# 7 Einen szenischen Text schreiben

**1** Der nebenstehende Textauszug kommt aus dem Jugendtheaterstück „Creeps“. Woran erkennst du, dass es sich um einen szenischen Text handelt?

**2** Wo finden sich in dem Auszug Regieanweisungen? Woran erkennst du sie?

**3** Lies dir den Textauszug laut vor. Wie musst du wohl betonen? Markiere im Text.

LUTZ HÜBNER: **Creeps**

*Maren, Petra und Lilly haben sich bei einem Casting getroffen und kämpfen nun alle drei um eine Moderatorenstelle im Fernsehen. Im Laufe des Castings wird der Konkurrenzkampf immer größer.*

**Maren** Wir haben hier alle die gleichen Chancen.
Das hier ist nicht nur dein Casting.

**Lilly** Dann hör auch auf, ständig zu fragen,
ob du es noch mal machen darfst.

*Sie schnipst.*

Ich! Ich! Herr Lehrer.

**Petra** Ich habe mich überhaupt nicht vorgedrängelt.

**Maren** Jeder macht hier sein Ding.

**Lilly** Kommt immer drauf an, wie viel Raum
er sich dafür nimmt.

*Lillys Handy klingelt, sie geht ran.*

**Lilly** Ja hallo … ich weiß nicht, ob ich das noch schaffe …
schick mir die Nummer als SMS, ich stell jetzt ab …
erzähl ich dir nachher … Ciao Ciao.

**Petra** Ich hab mich nicht vorgedrängelt.

**Maren** Ist das jetzt schon entschieden?

*Lilly hat inzwischen ihr Handy abgestellt, setzt sich
zu den anderen.*

**Lilly** Vergessen wir das, okay?

**Petra** Okay.

**Lilly** *zu Maren* Hey, versuch doch mal ein bisschen locker zu sein, okay?

**Maren** Ich bin locker.

**Lilly** Dann möchte ich dich mal sehen, wenn du nervös bist.

*Maren reagiert nicht.*

**Lilly** Ich hab's nicht so gemeint.

**Petra** Machen wir uns einfach einen Spaß draus.

**Lilly** Okay.

**Petra** Bist du hier aus Hamburg oder so?

**Lilly** Hamburger Deern, immer gewesen.

*Lilly parfümiert sich mit (Sheisedo Wellness Duft o. Ä.)*

**Petra** Tolle Klamotten

**Lilly** Prada. Ein Tipp, geh nie mit einer Credit card in einen Prada Laden.

Aus: Lutz Hübner: Creeps. Ein Jugendtheaterstück. Stuttgart 2008. S. 17–18.

**4** Lilly stellt sich als ein ziemlich hochnäsiges, eingebildetes Mädchen heraus. Wie kann man das in dieser Szene mit Mimik und Gestik als Schauspielerin darstellen?

**5** Schreibe nun eine kurze Erzählung mit demselben Inhalt wie diese Szene. (Anmerkung: Die Erzählung wird sehr kurz, da in dem Textauszug ja nicht allzu viel passiert.)

**6** Woran erkennst du, dass es sich bei dem Auszug aus dem Buch „Charlie und die Schokoladenfabrik" um keinen szenischen Text handelt?

ROALD DAHL: **Charlie und die Schokoladenfabrik**

*Willy Wonka, der größte Schokoladenfabrikant der Welt, lädt fünf Kinder ein, seine Fabrik zu besichtigen. Um zu den Siegern dieser Führung zu gehören, muss man eine goldene Eintrittskarte in einer Tafel Schokolade finden. Charlie Bucket träumt von diesem Gewinn, seine Familie ist aber zu arm, um Schokolade zu kaufen. Als Charlie wieder einmal großen Hunger leidet, findet er Geld auf der Straße.*

Charlie betrat den Laden und legte die feuchte Dollarnote auf die Theke. „Eine Tafel Schokolade bitte – Wonkas Wunder-Weich-Creme-Füllung", sagte er, denn er dachte

daran, wie gut ihm seine Geburtstags-Schokolade geschmeckt hatte.

Der Mann hinter dem Tresen war dick und wohlgenährt. Er hatte volle Lippen und rosige Backen und einen kurzen Hals, der über dem Hemdkragen wie ein Gummiring hervorquoll. Er drehte sich um, nahm eine Tafel Schokolade aus dem Regal und gab sie Charlie. Charlie riss das Papier auf und machte einen Riesenbissen. Und noch einen … und noch einen … Oh, was für eine Wohltat, sich den Mund mit süßer Schokolade, mit etwas Festem und Nahrhaftem voll zu stopfen!

„Na, das scheint dir ja zu schmecken“, sagte der Ladenbesitzer freundlich. Charlie nickte nur. Er hatte den ganzen Mund voll Schokolade. Der Ladenbesitzer legte das Wechselgeld auf die Theke. „Langsam, lass dir Zeit, mein Junge. Du kriegst Bauchweh, wenn du die Schokolade hinunterschlingst, ohne zu kauen“, sagte er.

Aber Charlie konnte nicht langsam essen. Er verschlang die ganze Tafel in kaum einer halben Minute. Danach war er ganz außer Atem, aber auch so glücklich wie schon sehr lange nicht mehr. Er streckte die Hand aus, um das Wechselgeld zu nehmen. Plötzlich hielt er inne. Charlie war gerade groß genug, um auf den Tresen sehen zu können. Er starrte auf die kleinen Silbermünzen.. neun Zehn-Cent-Münzen. Sicher machte es nichts aus, wenn er noch eine davon ausgab … nur eine einzige?

„Ich glaube … ich nehme noch eine Tafel Schokolade“, sagte er leise. „Die gleiche Sorte wie eben, bitte.“ „Warum nicht?“ Der dicke Ladenbesitzer griff wieder hinter sich und legte noch eine Tafel auf den Tresen. Charlie riss das Papier auf … und plötzlich … unter dem Papier blitzte ihm etwas Goldenes entgegen. Charlie glaubte, das Herz bliebe ihm stehen.

„Eine Goldene Eintrittskarte!“, rief der dicke Ladenbesitzer und sprang beinahe einen halben Meter hoch in die Luft. „Du hast die letzte Goldene Eintrittskarte erwischt! Nein, so was! Nun seht euch das einmal an, alle miteinander! Der Junge hat Wonkas letzte Goldene Eintrittskarte gefunden! Da ist sie! Er hält sie in der Hand!“

Der Ladenbesitzer schrie so, dass draußen die Leute verwundert stehen blieben. „Er hat die letzte Goldene Eintrittskarte gefunden, hier in meinem Laden! Jemand muss sofort bei der Zeitung anrufen und Bescheid sagen. Sei vorsichtig, Junge! Pass auf, dass du die Eintrittskarte nicht beim Auspacken zerreißt! Das Ding ist was wert!“

Fitness-Einheit

# Kurs 7 Einen szenischen Text schreiben

Nach wenigen Sekunden umringten mindestens zwanzig Leute Charlie, und immer mehr Menschen drängten von der Straße herein. Alle wollten die Goldene Eintrittskarte und den glücklichen Finder sehen. „Wo ist sie? Halt sie hoch, damit wir sie alle sehen können!", rief jemand. „Da ist sie! Er hat sie in der Hand! Man sieht das Gold blitzen!", rief ein anderer.

„Ich möchte bloß wissen, wie der das fertig gebracht hat!", schimpfte ein großer Junge ärgerlich. „Ich habe wochenlang jeden Tag zwanzig Tafeln gekauft – alles umsonst!" „Stellt euch mal die Süßigkeiten vor, die er jetzt sein Leben lang umsonst bekommt!", sagte ein anderer Junge neidisch. „Er kann's gebrauchen, der arme, magere kleine Kerl", sagte ein junges Mädchen lachend.

Charlie hatte sich noch nicht von der Stelle gerührt. Er hatte nicht einmal die Schokolade ganz ausgepackt und die Goldene Eintrittskarte herausgenommen. Er stand einfach nur da und hielt seine Schokolade mit beiden Händen fest, während die Menge um ihn herum schob und schrie und mit den Armen herumfuchtelte. Charlie war völlig benommen. Ein eigenartiges, schwebendes Gefühl überkam ihn, als würde er gleich wie ein Ballon in die Luft aufsteigen.

Aus: Roald Dahl: Charlie und die Schokoladenfabrik. 12. Auflage. Hamburg 2009. S. 49–52.

**7** **Aus dem Erzähltext soll nun ein szenischer Text, also ein Teil für ein Theaterstück, werden:**

**a)** **Welche Personen treten auf? Wie viele Schauspieler benötigst du also?**

**b)** **Wie ist das Bühnenbild der Szene? Notiere in Stichworten.**

**c)** **Welche Regieanweisungen brauchen die Schauspieler? Was müssen sie tun? Wie sollen sie sich dabei bewegen? Welche Gefühle müssen deutlich werden?**

Fitness-Einheit

# 7 Einen szenischen Text schreiben

**8** Schreibe nun den vollständigen Dialog im Schokoladenladen auf und füge die Regieanweisungen an der richtigen Stelle ein, so dass ein Text entsteht, den man als Vorlage für ein Theaterstück nutzen kann.

**9** Lies deinen eigenen Text. Versuche, mit deiner Stimme und deinem Gesichtsausdruck die Gefühle und Stimmungen des Ladenbesitzers und Charlies deutlich zu machen.

**Wir verfassen ein Theaterstück**

## Geschichte der Schildbürger

*Im Mittelalter gab es mitten in Deutschland die Stadt Schilda, die Bürger hießen die Schildbürger. Erich Kästner erzählt in seinem Buch „Die Schildbürger" die Geschichten dieser Menschen nach:*

*Das waren merkwürdige Leute. Alles, was sie anpackten, machten sie verkehrt. Und alles, was man ihnen sagte, nahmen sie wörtlich. Wenn zum Beispiel ein Fremder ärgerlich ausrief: „Ihr habt ja ein Brett vor dem Kopf!", griffen sie sich auch schon an die Stirn und wollten das Brett wegnehmen.*

**1** Die Geschichte „Wer am besten reimt, wird Bürgermeister" ist kein szenischer Text, also kein Theaterstück. Woran könnt ihr das erkennen?

________________________________________

________________________________________

________________________________________

*Hier nun eine Geschichte der Schildbürger:*

### Wer am besten reimt, wird Bürgermeister

Da Schilda zum Kaiserreich Utopia gehörte, ist es kein Wunder, dass dem Kaiser von Utopia die Dummheit der Schildbürger bald zu Ohren kam. Da er sich aber in früheren Jahren oft bei ihnen Rat geholt hatte, hielt er das, was man neuerdings über ihre Streiche zu erzählen wusste, für Gerüchte und Gerede. Deshalb beschloss er, selber einmal nach Schilda zu reisen. Er schickte also einen Boten, kündigte seinen hohen Besuch an und ließ ausrichten, sie sollten ihm „halb geritten und halb gegangen" entgegenkommen, und wenn sich ihre Antwort auf seine Begrüßungsworte reime, so werde er Schilda zur freien Reichsstadt ernennen und den Einwohnern die Umsatzsteuer erlassen.

Die Aufregung in Schilda war natürlich groß. Und im Rathaus ging es hoch her. Denn wer von ihnen sollte denn dem Kaiser, wenn er käme, antworten? Noch dazu in gereimter Form? „Das ist doch sonnenklar!", rief der Schuster. „Der Bürgermeister muss das tun." „Du hast gut reden", erwiderte der Bäcker. „Wir haben doch gar keinen Bürgermeister!" Verdutzt sahen sie einander an. Tatsächlich! Sie hatten vergessen, einen Bürgermeister zu wählen! Nun, sie beschlossen einstimmig, gleich am nächsten Tag das Versäumte nachzuholen.

„Und wen wollen wir wählen?", fragte der Schweinehirt neugierig. Da meinte der Ochsenwirt: „Den, der bis morgen das beste Gedicht macht!" Der Vorschlag gefiel ihnen über alle Maßen. Und sie gingen schleunigst heim, um etwas Hübsches zu dichten . Denn jeder von ihnen wäre selbstverständlich gerne Bürgermeister geworden.

In der folgenden Nacht schliefen sie alle miserabel. Jeder lag in seinem Bett und versuchte, irgendetwas zu dichten. Reimen sollte sich's auch noch! Der Schweinehirt dichtete so angestrengt, dass seine Frau davon aufwachte. Sie zündete eine Kerze an und fragte, was mit ihm los sei. Da verriet er ihr seinen Kummer. „Ich finde keinen Reim", klagte er, „und möchte doch Bürgermeister werden!"

„Würde ich dann Bürgermeisterin?", erkundigte sie sich. Und als er nickte, begann sie auf der Stelle eifrig nachzudenken. Schon eine Viertelstunde später hatte sie ein vierzeiliges Gedicht für ihn fix und fertig und sagte es ihm auf. Es lautete:

„Katerine heißt die Gattin mein,
möcht gerne Bürgermeist'rin sein,
ist schöner als mein schönstes Schwein
und trinkt am liebsten Moselwein."

Sie sprach ihm das Gedicht neunundneunzigmal mal vor und er musste es neunundneunzigmal nachsprechen. Da klingelte der Wecker, und der Schweinehirt musste ins Rathaus.

Die meisten Gedichte, die man zu hören kriegte, waren nicht viel wert. Der Schuster deklamierte zum Beispiel:

„Ich bin ein Bürger und kein Bauer
und mache mir das Leben bitter."

„Das kann ich besser!", rief der Hufschmied und dichtete:

„Ich bin ein Bürger und kein Ritter
und mache mir das Leben sauer."

Doch auch seine Verse fanden keinen rechten Anklang. So ging das eine ganze Weile hin, bis dann der Schweinehirt aufgerufen wurde. Er holte tief Luft und sagte mit lauter Stimme:

„Meine Frau, die heißt Katrine,
wär gerne Bürgermeisterin,
ist schwerer als das schwerste Schwein
und trinkt am liebsten Bayrisch Bier."

Dass er damit den Vogel abschoss, wird niemanden von euch wundern. Der Schweinehirt wurde also unter Beifallsrufen zum Bürgermeister von Schilda gewählt. Und er und seine Frau waren aufeinander sehr stolz.

Aus: Erich Kästner: Das Schwein beim Friseur. Hamburg 1962.

**2** Wir wollen die Geschichte in einen szenischen Text umschreiben.

a) In welche Szenen muss oder kann man die Geschichte aufteilen?

b) Welche Personen treten jeweils auf?

c) Welches Bühnenbild würdest du in den unterschiedlichen Szenen wählen? Du kannst die Antwort entweder aufschreiben oder als Bild malen.

d) Was sollen die Personen jeweils sagen?

e) Welche Regieanweisungen brauchen die Schauspieler nun noch, um die Geschichte zu spielen?

**3** **Welche verschiedenen Gefühle müssen die Schauspieler in dem Stück „Wer am besten reimt, wird Bürgermeister" darstellen können? Übe dieses Darstellen einmal selbst vor dem Spiegel.**

**Tipp:** Du kannst den Gesichtsausdruck auch jemandem vorspielen, der das Gefühl erraten muss!

Dieser Textauszug ist dir vielleicht in Einheit 3 beim Schreiben von inneren Monologen schon einmal begegnet. Jetzt soll er zu einem szenischen Text umgewandelt werden. Der erste Abschnitt ist nur eine Hilfe, um die Handlung zu verstehen, bei den Aufgaben brauchst du ihn nicht zu berücksichtigen.

**Wer stoppt Melanie Prosser?**

*In der Erzählung wird das Verhalten von Melanie und ihrer Bande geschildert, die zahlreiche Mitschüler erpresst und tyrannisiert. Melanie kennt ihre Schwächen genau und schafft es immer wieder, dass die Opfer nicht den Mut haben, sich zu wehren. So auch Lucy, die Melanie an ihrem Geburtstag überfallen will.*

„Wartet hier", sagte Melanie Prosser am Schultor. „Dann können wir sie nicht verpassen." „Ihr Vater bringt sie mit seinem protzigen Auto her", sagte Sally-Ann Simpson. „Elender Angeber." „Ich werd sie in den Schwitzkasten nehmen", sagte Vicky Farrant. „Ich habe eine Schwäche für Schwitzkästen." „Erst wenn wir sie hinter dem Fahrradschuppen haben", sagte Melanie. „Bis dahin schön fröhlich lächeln!"

Von der Ecke des Schulgebäudes aus beobachtete Angus Burns die drei Mädchen, die sich am Tor herumdrückten. Er wusste, dass sie heute auf Lucy warten würden, denn sie hatte Geburtstag. Typisch Prosser, an so was zu denken. Er wusste auch, was er mit Prosser am liebsten tun würde: ihr die Raubtierzähne einschlagen.

Angus warf die Haare aus seinem Gesicht und behielt die Straße und den Schulhof im Auge. Dann suchte er die Zufahrt und den Teil des Schulhofes ab, den er überblicken konnte, denn er wartete auf Clare Tonks. Heute würden sie Clare Tonks in Ruhe lassen, weil sie sich mit Lucy beschäftigten. Arme alte Clare, sie ließen sie nur dann zufrieden, wenn sie genug von ihr hatten und sich Abwechslung verschafften, indem sie jemand anderen quälten. Endlich entdeckte er Clare. Wenn er sie einmal erspäht hatte, konnte er sie kaum aus den Augen verlieren, denn sie war unglaublich dick: Tonks, der Panzer. Sie stand im Fahrradschuppen, wo sie vom Tor aus nicht zu sehen war, und beobachtete Angus.

„Erst mal brauch ich ein neues Federmäppchen", sagte Sally-Ann. „Mein altes ist ganz schäbig." „Ich könnte ihr einen sauberen Halbnelson verpassen", sagte Vicky. „Und ihr Handgelenk umdrehen, dass ihr Hören und Sehen vergeht." „Spar dir noch was für später auf", sagte Melanie, geduldig wie eine Großmutter. „Oder sie mit einem Hüftwurf auf Kreuz legen, sie in den Zehengriff nehmen und die blöde Ziege mal richtig zum Schreien bringen." Melanie gähnte. Sally-Ann kicherte. „Du mit deiner Ringerei. Hab das Gefühl, du kriegst langsam 'n Tick."

Aus: Aidan Chambers: Wer stoppt Melanie Prosser? Ravensburg 2006. S. 7–9.

1 **Lies den vorliegenden Textauszug. Welche Personen und welches Bühnenbild werden für ein Theaterstück benötigt?**

2 **Überlege dir Mimik und Gestik der einzelnen Personen. Was muss z. B. durch die Körperhaltung deutlich werden? Du kannst dies auch vor dem Spiegel üben.**

3 **Welche Requisiten und Regieanweisungen brauchen die Schauspieler, um ihre Rolle spielen zu können?**

4 **Schreibe nun einen vollständigen szenischen Text für das Theaterstück. Überlege dir dabei auch, wie du Angus' Gedanken für den Zuschauer deutlich machen kannst.**

| **Was ich kann. Meine Kompetenzen** | **Ja.** | **Nein, nochmals üben ab** | |
|---|---|---|---|
| Einen szenischen Text von einer Erzählung unterscheiden können. | | | Seite 76; 77: A 1; 78: A 6; 82: A 1 |
| Die Begriffe Dialog, Monolog, Regieanweisung, Bühnenbild, Requisite und Szene kennen und mit eigenen Worten erläutern. | | | Seite 76; 77: A 2; 84: A 2 |
| Eine Erzählung in einen szenischen Text umwandeln. | | | Seite 80: A 7 u. 8; 84: A 2 |
| Einen szenischen Text in eine Erzählung umwandeln. | | | Seite 78: A 5 |
| Verschiedene Gefühle mit Hilfe meiner Mimik ausdrücken. | | | Seite 78: A 4; 80: A 7c; 85: A 3; s. o. A 2 |
| Meine Sprache bewusst einsetzen und z. B. einen Satz sehr unterschiedlich vorlesen, so dass verschiedene Gefühle hörbar sind. | | | Seite 77: A 3; 80: A 7c; 84: A 2e |

## Was macht ein Gedicht aus?

Gedichte (also Lyrik) sind eine besondere Art von Texten. Es wird nicht klar und sachlich erklärt, was der Dichter ausdrücken möchte, sondern er „verpackt" seine Gedanken und Gefühle oft in Bildern, die wir entschlüsseln müssen. Dies macht Gedichte zunächst etwas schwieriger, gleichzeitig aber auch sehr reich und interessant.

## Einige Grundbegriffe

Jedes Gedicht besteht aus Versen, das ist nur eine andere Bezeichnung für eine Zeile (also eine Reihe).

Wenn mehrere Verse zusammen eine Einheit bilden, nennt man diese Strophe. Am Ende einer Strophe wird eine Reihe frei gelassen, damit ist es für den Leser gut sichtbar.
Das Gedicht von Clemens Brentano „Wiegenlied" hat zwei Strophen mit jeweils vier Versen.

Im Gedicht werden oft Vergleiche verwendet, sie werden mit dem Wort „wie" eingeleitet.
Eine Metapher ist ein sprachliches Bild. Ein Wort wird aus seinem herkömmlichen Zusammenhang genommen und in einem neuen Zusammenhang eingefügt und verwendet. Anders als beim Vergleich fehlt das Vergleichswort „wie".
In Gedichten findet man häufig eine besondere Form der Metapher, die Personifikation; das heißt Pflanzen, Tieren, Gegenständen oder auch Jahreszeiten werden menschliche Verhaltensweisen und Eigenschaften zugesprochen.

Das folgende Gedicht hat acht Verse:

CLEMENS BRENTANO: **Wiegenlied**

Singet leise, leise, leise
Singt ein flüsternd Wiegenlied,
von dem Monde lernt die Weise,
der so still am Himmel zieht.

Singt ein Lied so süß gelinde,
wie die Quellen auf den Kieseln,
wie die Bienen um die Linde
summen, murmeln, flüstern, rieseln.

Aus: Zauberwort. Die schönsten Gedichte für Kinder aus vier Jahrhunderten. Würzburg 2004. S. 42.

„wie die Quellen auf den Kieseln, ..."

Hier wird das leise Lied mit dem leise rauschenden Wasser verglichen.

Im Gedicht „Wiegenlied" findest du zwei Vergleiche. Der erste findet sich in Vers sechs „wie die Quellen auf den Kieseln". Findest du auch den zweiten Vergleich?

„Du bist mein Sonnenschein." – eigentlich bedeutet Sonnenschein, dass wir gutes Wetter haben und die Sonne am Himmel strahlt, hier ist aber gemeint, dass ein Mensch gute Laune verbreitet und einen anderen glücklich macht.

*Hier einige Verse aus dem Gedicht „Mondnacht“ von Joseph von Eichendorff:*

Es war, als hätt' der Himmel
Die Erde still geküsst,
(...)
Die Luft ging durch die Felder, (...)

Aus: Zauberwort. Die schönsten Gedichte für Kinder aus vier Jahrhunderten. Würzburg 2004. S. 43.

Oft arbeiten die Dichter auch mit Symbolen. Ein Gegenstand ist dann ein bestimmtes Zeichen für etwas. Wenn ein Dichter Metaphern, Personifikationen, Vergleiche etc. verwendet, sind das Stilmittel in dem Gedicht, die die Aussage (die Intention) des Gedichtes deutlich machen oder betonen sollen.

Der Himmel ist keine Person und kann eigentlich nicht küssen, es soll beschrieben werden, wie sanft die Sonne untergegangen ist und es am Himmel dunkel wurde.

Auch die Luft kann eigentlich nicht gehen, auch das ist eine Eigenschaft von Personen.

Hier einige bekannte Beispiele für Symbole:

| **Symbol** | **Bedeutung** |
|---|---|
| rote Rose | Liebe |
| weiße Taube | Frieden |
| schwarze Katze | Unglück |
| Esel | Dummheit |
| Gewitter, Unwetter | Katastrophe |

Der „Erzähler“ im Gedicht: Oft spricht hier ein „Ich“. **Bitte merke dir unbedingt:** Es handelt sich hier immer um das sogenannte **lyrische Ich**, du darfst das auf keinen Fall mit dem Dichter gleichsetzen!

Sanft wiegt die Wiese mich in ihrem Gras
Ich lieg allein

Aus: Ulla Hahn: Blauer Himmel. In: Alexa Hennig von Lange (Hrsg.): I love you – I don't love you. Lyrik und Lyrics. Gulliver 1171. Weinheim 2009, S. 58.

Hier darfst du nicht schreiben, „Ulla Hahn liegt allein auf der Wiese“, sondern zum Beispiel „Das lyrische Ich schildert, wie es alleine auf einer Wiese liegt.“

1 Lies das nebenstehende Gedicht. Was ist das Thema des Gedichtes?

CHRISTIAN MORGENSTERN: **Der Frühling kommt bald**

Herr Winter,
geh hinter,
der Frühling kommt bald!
Das Eis ist geschwommen,
die Blümlein sind kommen,
und grün wird der Wald.

Herr Winter,
geh hinter,
dein Reich ist vorbei.
Die Vöglein alle,
mit jubelndem Schalle,
verkünden den Mai!

Aus: Zauberwort. Die schönsten Gedichte für Kinder aus vier Jahrhunderten. Würzburg 2004. S. 73.

2 Aus wie vielen Versen und Strophen besteht das Gedicht?

3 Die ersten zwei Verse jeder Strophe sind gleich. Es handelt sich dabei um eine direkte Anrede und einen Befehl.

a) Was drücken diese Verse aus? Warum werden sie nochmals wiederholt?

b) Welches Stilmittel ist in diesen Versen zu finden?

**Tipp:** Der Winter wird als Mann angesehen und soll gehen.

4 Am Ende von Vers drei steht ein Ausrufezeichen. Welches Gefühl drückt C. Morgenstern damit aus?

**5 „Der Frühling kommt bald.“ Wie kündigt sich diese Jahreszeit an?**

**Tipp:** Nimm dir einen farbigen Stift und gehe das Gedicht nochmals durch. Markiere alle Antworten auf die Frage, dann brauchst du die Merkmale nur noch herauszuschreiben.

CHRISTINE BUSTA: **Der Sommer**

Er trägt einen Bienenkorb als Hut,
blau weht sein Mantel aus Himmelsseide,
die roten Füchse im gelben Getreide
kennen ihn gut.

Sein Bart ist voll Grillen. Die seltsamsten Mären
summt er der Sonne vor, weil sie's mag,
und sie kocht ihm dafür jeden Tag
Honig und Beeren.

Anmerkung: eine „Mär“ ist ein altes Wort für Geschichte oder Sage

Aus: Zauberwort. Die schönsten Gedichte für Kinder aus vier Jahrhunderten. Würzburg 2004. S. 75.

**6 Das Gedicht „Der Sommer“ personifiziert diese Jahreszeit.**

**a) Erkläre diesen Satz.**

**b) Wie wird der Mann „Sommer“ dargestellt?**

**7 Wie viele Verse und Strophen hat das Gedicht?**

**8** Welche Farben finden sich im Gedicht? Welche Stimmung wird damit beschrieben?

**9** Wie ist das Verhältnis von Sonne und Sommer? Beide werden in dem Gedicht ja als Personen vorgestellt, wie ist also ihre Beziehung?

**10** Was würdest du für eine Überschrift vorschlagen? Der Dichter Peter Hacks hat dem Gedicht einen Titel gegeben. Du erfährst ihn im Lösungsteil.

PETER HACKS: ____________________

Der Herbst steht auf der Leiter
Und malt die Blätter an,
ein lustiger Waldarbeiter,
ein froher Malersmann.

Er kleckst und pinselt fleißig
Auf jedes Blattgewächs,
und kommt ein frecher Zeisig,
schwupp, kriegt der auch nen Klecks.

Die Tanne spricht zum Herbste:
Das ist ja fürchterlich,
die andern Bäume färbste,
was färbste nicht mal mich?

Die Blätter flattern munter
Und finden sich so schön.
Sie werden immer bunter.
Am Ende falln sie runter.

Aus: Zauberwort. Die schönsten Gedichte für Kinder aus vier Jahrhunderten. Würzburg 2004. S. 78.

**11** Wie viele Verse und Strophen hat das Gedicht?

**12** Auch in diesem Gedicht finden sich zwei Personifikationen. Wem werden hier menschliche Eigenschaften zugesprochen?

**13** a) Wie wird der Herbst beschrieben? Welche Eigenschaften hat diese Personifikation?

b) Welche Stimmung vermittelt Peter Hacks damit in seinem Gedicht?

**14** Was meint die Tanne, als sie sich beim Herbst beschwert?

**Tipp:** Denke daran, wie eine Tanne im Herbst und Winter aussieht.

JOHANN GAUDEZ VON SALIS-SEEWIS: **Winterlied**

Das Feld ist weiß, so blank und rein,
Vergoldet von der Sonne Schein,
Die blaue Luft ist stille;
Hell wie Kristall
Blinkt überall
Der Fluren Silberhülle.
(…)
Von Reifenduft befiedert sind
Die Zweige rings, die sanfte Wind'
Im Sonnenstrahl bewegen.
Dort stäubt vom Baum
Der Flocken Flaum
Wie leichter Blütenregen.
(…)

Aus: Gedichte. Hrsg. von Eduard Korrodi.
Verlag Fretz & Wasmuth. Zürich 1937.

**15** Für viele Menschen ist der Winter eine dunkle, trostlose Jahreszeit. Welche Stimmung ist im Gedicht von Johann Gaudez von Salis-Seewis wiedergegeben?

**16** **Finde die Vergleiche im Gedicht. Wozu dienen sie?**

**Tipp:** Das Wort „wie" ist der sichere Hinweis auf einen Vergleich.

**17** **Suche andere Vergleiche, mit denen man eine Winterstimmung ausdrücken kann, z. B.: grauer Himmel wie …**

**18** **Schreibe nun ein Gedicht mit Vergleichen, in denen der Winter kalt und traurig dargestellt wird. Das Gedicht braucht sich nicht zu reimen.**

# Training

## 8 Gedichte untersuchen 1

**1** Welches Bild von der Stadt entwirft Theodor Strom in den ersten beiden Strophen? Beachte die Farben und was zu sehen bzw. zu hören ist.

THEODOR STORM: **Die Stadt**

Am grauen Strand, am grauen Meer
und seitab liegt die Stadt;
der Nebel drückt die Dächer schwer,
und durch die Stille braust das Meer
eintönig um die Stadt.

Es rauscht kein Wind, es schlägt im Mai
kein Vogel ohn' Unterlass;
die Wandergans mit hartem Schrei
nur fliegt in Herbstesnacht vorbei,
am Strande weht das Gras.

Doch hängt mein ganzes Herz an dir,
du graue Stadt am Meer;
der Jugend Zauber für und für
ruht lächelnd doch auf dir, auf dir,
du graue Stadt am Meer.

Aus: Theodor Storm: Gesammelte Werke. Band 1. München 1981. S. 22.

**2** Beschreibe, wie sich das Bild in der dritten Strophe wandelt. Nenne Textstellen, in denen das besondere Verhältnis des Dichters zu seiner Stadt deutlich wird. Achte auch darauf, wie die Stadt hier angesprochen wird.

**3** Schaue dir die Grammatik dieses Gedichtes an. Was ist das Besondere an der Form und Sprache dieses Textes?

BERTOLT BRECHT: **Vergnügen**

Der erste Blick aus dem Fenster am Morgen
Das wiedergefundene alte Buch
Begeisterte Gesichter
Schnee, der Wechsel der Jahreszeiten
Die Zeitung
Der Hund
Die Dialektik
Duschen, Schwimmen
Alte Musik
Bequeme Schuhe
Begreifen
Neue Musik
Schreiben, Pflanzen
Reisen
Singen
Freundlich sein.

Anmerkung: Dialektik ist eine Methode, um Erkenntnisse zu erlangen, indem man über Gegensätze nachdenkt, die sich beeinflussen.

Aus: Bertolt Brecht: Die Gedichte von Bertolt Brecht in einem Band. 9. Auflage. Frankfurt a.M. 1997. S. 1022.

**4** Schreibe ein eigenes Gedicht, in welchem du verdeutlichst, was für dich Vergnügen ist. Versuche, die Sprache und die Form von Bertolt Brecht beizubehalten. (Das nennt man ein Parallelgedicht.)

**5** Bestimme die Strophen und die Verszahl des Gedichtes.

GEORG BYDLINSKI: **Garten**

Ich sitze im Gras und schweige.
Der Himmel ist blau wie das Meer.
Der Wind bewegt die Zweige,
sie schwingen leicht, hin und her.

Ich bin nicht allein, denn ich sehe
den Wind, der im Kirschgeäst schaukelt,
den Schmetterling, der in der Nähe
ganz langsam vorübergaukelt.

Ich höre die Amseln und Stare.
Ich sehe die Käfer im Kraut.
Der Wind bewegt meine Haare,
die Sonne berührt meine Haut.

Aus: Ders.: Wasserhahn und Wasserhenne, Sauerländer Verlag. Mannheim 2002, S. 48.

**6** Suche alle Vergleiche und Personifikationen.

**7** Was sieht das lyrische Ich um sich herum? Du kannst das Gesehene entweder beschreiben oder als Bild malen.

**8** Wie fühlt sich das Ich im Garten? Woran kannst du das erkennen?

**In diesem Kapitel findest du nur ein recht langes Gedicht, es handelt sich um eine sogenannte Ballade. Eine Ballade ist ein Gedicht, in dem eine Geschichte mit Handlung erzählt wird.**

JOHANN WOLFGANG GOETHE: **Der Zauberlehrling**

Hat der alte Hexenmeister
Sich doch einmal wegbegeben!
Und nun sollen seine Geister
Auch nach meinem Willen leben.
Seine Worte und Werke
Merkt ich, und den Brauch,
Und mit Geistesstärke
Tu ich Wunder auch.

Walle! walle
Manche Strecke,
Dass zum Zwecke
Wasser fließe,
Und mit reichem vollem Schwalle
Zu dem Bade sich ergieße.

Und nun komm, du alter Besen!
Nimm die schlechten Lumpenhüllen;
Bist schon lange Knecht gewesen;
Nun erfülle meinen Willen!
Auf zwei Beinen stehe,
Oben sei ein Kopf,
Eile nun und gehe
Mit dem Wassertopf!

Walle! walle
Manche Strecke,
Dass zum Zwecke
Wasser fließe,
Und mit reichem vollem Schwalle
Zu dem Bade sich ergieße.

Seht, er läuft zum Ufer nieder;
Wahrlich! ist schon an dem Flusse,
Und mit Blitzesschnelle wieder
Ist er hier mit raschem Gusse.
Schon zum zweitenmale!
Wie das Becken schwillt!
Wie sich jede Schale
Voll mit Wasser füllt!

Stehe! stehe!
Denn wir haben
Deiner Gaben
Vollgemessen! –
Ach, ich merk es! Wehe! wehe!
Hab ich doch das Wort vergessen!

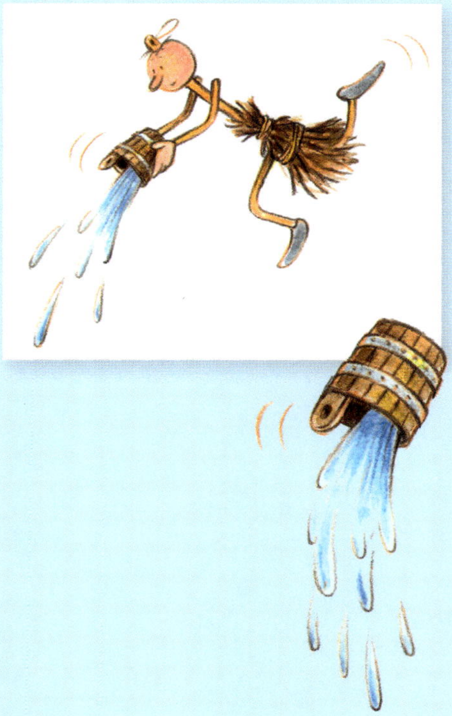

Ach das Wort, worauf am Ende
Er das wird, was er gewesen.
Ach, er läuft und bringt behände!
Wärst du doch der alte Besen!
Immer noch Güsse
Bringt er schnell herein,
Ach! Und hundert Flüsse
Stürzen auf mich ein.

Nein, nicht länger
Kann ich's lassen;
Will ihn fassen.
Das ist Tücke!
Ach! nun wird mir immer bänger!
Welche Miene! welche Blicke!

O, du Ausgeburt der Hölle!
Soll das ganze Haus ersaufen?
Seh ich über jede Schwelle
Doch schon Wasserströme laufen.
Ein verruchter Besen,
Der nicht hören will!
Stock, der du gewesen,
Steht doch wieder still!

Willst's am Ende
Gar nicht lassen?
Will dich fassen,
Will dich halten,
Und das alte Holz behände
Mit dem scharfen Beil spalten.

Seht, da kommt er schleppend wieder!
Wie ich mich nur auf dich werfe,
Gleich, o Kobold, liegst du nieder;
Krachend trifft die glatte Schärfe.
Wahrlich! brav getroffen!
Sehr, er ist entzwei!
Und nun kann ich hoffen,
Und ich atme frei!

Wehe! wehe!
Beide Teile
Stehn in Eile
Schon als Knechte
Völlig fertig in die Höhe!
Helft mir, ach! ihr hohen Mächte!

Und sie laufen! Nass und nässer
Wird's im Saal und auf den Stufen.
Welch entsetzliches Gewässer!
Herr und Meister! hör mich rufen! –
Ach, da kommt der Meister!
Herr, die Not ist groß!
Die ich rief, die Geister,
Werd ich nun nicht los.

„In die Ecke,
Besen! Besen!
Seid's gewesen.
Denn als Geister
Ruft euch nur, zu seinem Zwecke,
Erst hervor der alte Meister."

Aus: Hartmut Laufhütte (Hrsg.): Deutsche Balladen. Stuttgart 1995. S. 79 ff.

**1** **Lies die Ballade aufmerksam durch.**

**a)** **Wer ist das „Ich" in dem Gedicht?**

**b)** **Was macht das Ich mit dem Besen?**

**c)** **Mit welchen zwei Versuchen versucht der Lehrling den Besen davon abzuhalten, noch mehr Wasser zu holen?**

**d)** **Wieso steht die letzte Strophe in Anführungsstrichen?**

# Check

## 8 Gedichte untersuchen 1

2 Wie viele Strophen und Verse hat die Ballade?

3 In dem Gedicht findet man sehr viele Ausrufe. Warum ist das wohl so?

4 Wie wird sich der Lehrling wohl verhalten, wenn sein Meister wieder einmal das Haus verlässt?

5 Das Gedicht benutzt leider keines von den Stilmitteln, die du kennengelernt hast. Kannst du sie trotzdem noch einmal auflisten und mit einem Beispiel erklären?

| Was ich kann. Meine Kompetenzen | Ja. | Nein, nochmals auf | |
|---|---|---|---|
| Fachbegriffe zu Gedichten kennen und diese erklären: Vers, Strophe, Vergleich, Metapher, Symbol, Personifikation. | | | Seite 88 f.; 90: A 2 u. 3; 91: A 7; 92: A 8, 11 u. 12; 93: A 13; 97: A 5 – 8; 94: A 14 u. 17 |
| Stilmittel in einem Gedicht erkennen und benennen. | | | Seite 90: A 3b; 95 – 97 |
| Den Inhalt eines Gedichtes verstehen und mit eigenen Worten wiedergeben. | | | Seite 90: A 1 |
| Die Gefühle, die ein Gedicht ausdrückt, im Text (z. B. an der Farbgestaltung) erkennen und auch in eigene Worte fassen. | | | Seite 90: A 4; 92: A 8; 93; 97 |
| Ein Parallelgedicht gestalten. | | | Seite 96: A 4 |
| Die Ballade als besondere Form eines Gedichtes kennen. | | | Seite 100 f. |

## Gedichte haben eine Melodie

Wenn man ein Gedicht liest, hört man oft einen sehr regelmäßigen Takt oder Rhythmus. Dies kommt daher, weil die betonten und unbetonten Silben in einer ganz bestimmten Reihenfolge stehen.

Ein Text aus einem Tagebuch, der natürlich nicht als Gedicht geschrieben wurde:

Das Meer liegt ruhig vor uns und bewegt sich nicht,
wir gehen am Strand spazieren.

Nun zwei Verse aus dem Gedicht „Meeresstille" von J.W. v. Goethe:

Tiefe Stille herrscht im Wasser
Ohne Regung ruht das Meer.

Hörst du den Unterschied im Takt zwischen den beiden Texten?

Die Melodie eines Gedichtes wird zudem durch sich reimende Wörter verstärkt.

Hier das Ende vom Gedicht „Meeresstille":

Keine Luft von keiner Seite!
Todesstille fürchterlich!
In der ungeheuren Weite
Reget keine Welle sich.

Aus: J. W. von Goethe: Werke. Band 1. Hamburger Ausgabe. Hamburg 1960.

**Einige Grundbegriffe**

- Viele Gedichte haben eine regelmäßige Reihenfolge von betonten und unbetonten Silben. Dies nennt man **Versmaß** oder **Metrum.**

Hier nochmals der erste Vers aus dem Gedicht von J.W. v. von Goethe:

Tiefe Stille herrscht im Wasser

Wir notieren für jede Silbe ein x:

x x x x x x x x

Dann setzen wir auf jede betonte Silbe ein´:

x́ x x́ x x́ x x́ x

Versuch die Betonungen übertrieben deutlich zu lesen oder auf den Tisch zu klopfen, dann hörst du sie besser.

Das Gedicht „Meeresstille" von Johann Wolfgang v. Goethe ist im Versmaß des Trochäus geschrieben.
Es handelt sich um einen 4-hebigen Trochäus, weil in jedem Vers vier betonte Silben vorkommen.

- Besteht ein Gedicht aus dem Schema xx́, so nennt man das Versmaß einen **Jambus** (Mehrzahl: Jamben).
- Besteht ein Gedicht aus dem Schema x́x, so nennt man das Versmaß einen **Trochäus** (Mehrzahl: Trochäen).
- Besteht ein Gedicht aus dem Schema x́xx, so nennt man das Versmaß einen **Daktylus** (Mehrzahl: Daktylen).
- Besteht das Gedicht aus dem Schema xxx́, so nennt man das Versmaß einen **Anapäst** (Mehrzahl: Anapäste). In deutschsprachigen Gedichten wird dieses Versmaß nur selten verwendet.

Fitness-Einheit

# 9 Gedichte untersuchen 2

## Wissen

- Wenn zwei oder mehrere Silben am Ende der Verse gleich klingen, spricht man von einem **Reim**.
- Reime können unterschiedlich angeordnet sein:
  - a) **Paarreim:** wenn sich zwei aufeinanderfolgende Verse reimen und ein Paar bilden. Schema: a a b b c c usw.

Beispiele: Haus – Maus; Siebenbein – Kinderlein

  - b) **Kreuzreim**: der Kreuzreim ist die gekreuzte Reimstellung: a b a b c d c d usw.

Keine Luft von keiner Seite! **a**
Todesstille fürchterlich! **b**
In der ungeheuren Weite **a**
Reget keine Welle sich. **b**

→ Das Reimschema dieser vier Verse ist **a b a b**.

  - c) **Der umarmende / umschließende Reim**: zwei Verse umarmen ein Paarreim in dem Schema a b b a.

JOACHIM RINGELNATZ: **Kindersand**

Das Schönste für Kinder ist Sand. **a**
Ihn gibt's immer reichlich. **b**
Er rinnt unvergleichlich **b**
Zärtlich durch die Hand. **a**
(...)

Aus: Zauberwort. Die schönsten Gedichte für Kinder aus vier Jahrhunderten. Würzburg 2004. S. 20.

  - d) Der **Schweifreim** funktioniert nach dem Schema a a b c c b.

CHRISTIAN MORGENSTERN: **Der Frühling kommt bald**

Herr Winter, **a**
geh hinter, **a**
der Frühling kommt bald! **b**
Das Eis ist geschwommen, **c**
die Blümlein sind kommen, **c**
und grün wird der Wald. **b**
(...)

Aus: Zauberwort. Die schönsten Gedichte für Kinder aus vier Jahrhunderten. Würzburg 2004. S. 73.

- **Lautmalerei**: Manchmal spiegelt die Sprache des Gedichtes bestimmte Geräusche wieder. Hörst du z. B. wie der Regen tropft, wenn du das nebenstehende Gedicht liest?

KURT SCHWITTERS: **Regen**

Regen tönen Tropfen triefen
(...)
regen
Regen
Tropfen
Tropfen
Regen
Regen
Tropfen tropft Tropfen auf Tropfen zu Tropfen
Silber mit silbernem Klopfen zu Klopfen
(...)

Aus: Kurt Schwitters: Das literarische Werk. Band 1: Lyrik. Hrsg. von Friedhelm Lach. Köln 1973.

# 9 Gedichte untersuchen 2

**1** Lies das nebenstehende Gedicht.

**2** a) Findest du Verse, die sich reimen?

b) Schreibe an das Ende der Verse jeweils Buchstaben, um ein Reimschema zu ermitteln.

c) Welche Art von Schema findest du?

**3** a) Lies dir das Gedicht nochmals laut vor. Versuche, die betonten Silben besonders hervorzuheben.

b) Trage nun in das vorgefertigte Schema mit den Silben die betonten Silben ein, indem du sie mit einem ' markierst.

c) Welches Versmaß (Metrum) hat das Gedicht?

**4** Joachim Ringelnatz ist dafür bekannt, dass seine Gedichte lustig sind. Erkläre den Witz in diesem Gedicht.

Rechts findest du den Anfang eines unvollständigen Gedichtes von Joseph von Eichendorff.

**5** Setze die Vers-Enden, die du unterhalb findest, so ein, dass ein Kreuzreim entsteht.

JOACHIM RINGELNATZ: **Die Ameisen**

In Hamburg lebten zwei Ameisen,
Die wollten nach Australien reisen.
Bei Altona auf der Chaussee
Da taten ihnen die Beine weh,
Und da verzichteten sie weise
Denn auf den letzten Teil der Reise.

Aus: Zauberwort. Die schönsten Gedichte für Kinder aus vier Jahrhunderten. Würzburg 2004. S. 63.

______________________________

x x x x x x x x x
x x x x x x x x x
x x x x x x x x
x x x x x x x x x
x x x x x x x x x
x x x x x x x x x

______________________________

______________________________

______________________________

______________________________

______________________________

______________________________

______________________________

______________________________

JOSEPH V. EICHENDORFF: **Sehnsucht**

Es schienen so golden die ____________________,
Am Fenster ich einsam ____________________
Und hörte aus weiter ____________________
Ein Posthorn im stillen ____________________.
Das Herz mir im Leibe entbrennte,

da hab' ich mir heimlich gedacht:
Ach, wer da mitreisen könnte
In der prächtigen Sommernacht!

**Sommernacht • Sterne • gedacht • Ferne • Land könnte • stand**

Aus: Zauberwort. Die schönsten Gedichte für Kinder aus vier Jahrhunderten. Würzburg 2004. S. 123.

**6** **Ermittle das Versmaß. Schreibe dir dazu zunächst die Silben als x heraus und markiere die betonten Silben mit ´. Erkennst du ein bestimmtes Schema?**

**7** **Lies das lustige Gedicht von Hans Adolf Halbey. Kennst du die beschriebene Situation?**

HANS ADOLPH HALBEY: **Urlaubsfahrt**

koffer koffer kindertragen
flaschen taschen puppenwagen
papa mama koffer kinder
autokarte notlichtblinker

früh geweckt gefrühstückt raus
winke winke schlüssel haus
autobahnen autoschlange
kinderplappern mama bange

schlange kriechen sonne heiß
stinken staub benzin und schweiß
stockung hunger mama brote
papa skatspiel radio: tote

schlafen schimpfen hupen schwitzen
weiterfahren weitersitzen
müde mitternacht hotel pension
dreißigtausend warten schon

Aus: Hans-Joachim Gelberg (Hrsg.): Menschengeschichten. 3. Jahrbuch der Kinderliteratur. Weinheim 1975. S. 252.

**8** **Wie viele Strophen und Verse hat das Gedicht?**

4 Strophen à 4 Verse

9 Welches Reimschema kannst du erkennen?

Paarreim

10 Lies dir das Gedicht noch einmal laut vor und achte besonders auf die betonten Silben. Schreibe dann die Vokale der betonten Silben heraus, wie z. B. in Vers 1 und 2: *o o i a*
*a a u a*
Wenn du nun die Vokale liest, erhältst du ein lustiges Lautgedicht.

11 Was fällt dir bei der Rechtschreibung und Zeichensetzung des Gedichtes auf?

## Gedichte in der Literatur – Beschwörungsformeln und Rätsel

Im Drama „Faust“ gibt es folgende Beschwörungsformel einer Hexe:

JOHANN WOLFGANG GOETHE: **Hexeneinmaleins**

Du musst verstehn!
Aus Eins mach Zehn,
Und Zwei lass gehen,
Und Drei mach gleich,
So bist du reich!
Verlier die Vier!
Auf Fünf und Sechs –
So sagt die Hex' –
Mach Sieben und Acht,
So ist's vollbracht:
Und Neun ist Eins,
Und Zehn ist keins.
Das ist das Hexen-Einmaleins!

Aus: Johann Wolfgang von Goethe: Faust I. Der Tragödie erster Teil. V. 2540–2552

**1** Lies das berühmte „Hexeneinmaleins“ von Johann W. Goethe mehrfach laut vor! Achte dabei besonders auf die von dir betonten Silben.

**2** Ermittle das Reimschema des Gedichtes.

______________________________

**3** Zeichne das „Hexeneinmaleins“ mit dem Zeichen x für jede Silbe auf. Markiere nun die betonten Silben. Ist das Metrum nach einem dir bekannten Schema aufgebaut?

______________________________

______________________________

______________________________

______________________________

______________________________

______________________________

______________________________

______________________________

______________________________

______________________________

______________________________

______________________________

______________________________

**4** In welcher Situation wird das „Hexeneinmaleins“ wohl benutzt?

______________________________

______________________________

Sicherlich kennst du Harry Potter! Im vierten Band „Harry Potter und der Feuerkelch" stellt ihm die Sphinx ein schwieriges Rätsel, das sie in Gedichtform vorträgt:

Erst denk an den Menschen, der immer lügt,
der Geheimnisse sucht und damit betrügt.
Doch um das Ganze zu verwässern,
nimm von dem Wort nur die ersten drei Lettern.

Nun denk an das Doppelte des Gewinns,
den Anfang von nichts und die Mitte des Sinns.

Und schließlich ein Laut, ein Wörtchen nicht ganz,
das du auch jetzt von dir selbst hören kannst.

Nun füg sie zusammen, denn dann wirst du wissen,
welches Geschöpf du niemals willst küssen.

Aus: Joanne K. Rowling: Harry Potter und der Feuerkelch. Hamburg 2000. S. 658.

**5** **Das Rätsel ist wirklich schwierig. Gelingt es dir trotzdem, es zu lösen? Ansonsten kannst du gerne auch im Buch von „Harry Potter und der Feuerkelch" ab Seite 658 nachlesen.**

**6** **Wie viele Verse und Strophen umfasst das Gedicht der Sphinx?**

**7** **Ermittle das Reimschema.**

**8** **Ermittle das Versmaß / das Metrum des Rätsels.**

**9** **Warum benutzt die Sphinx wohl ein Gedicht, um ihr Rätsel zu stellen? Worin unterscheidet sich die Wirkung von einem normalen fortlaufenden Text?**

ERICH KÄSTNER: **Fauler Zauber**

Der Zauberkünstler Mamelock
Hebt seinen goldnen Zauberstock.
„Ich brauche", spricht er dumpf,
„zwei Knaben,
die ziemlich viel Courage haben."

Da steigen aus dem Publikum
schnell Fritz und Franz aufs Podium.
Er hüllt sie in ein schwarzes Tuch
und liest aus seinem Zauberbuch.
Er schwingt den Stock ein paar Sekunden.
Er hebt das Tuch – sie sind verschwunden!

# Training

## 9 Gedichte untersuchen 2

Des Publikums Verblüffung wächst.
Wo hat er sie nur hingehext?
Sie sind nicht fort, wie mancher denkt.
Er hat die beiden bloß – versenkt!

Fritz sagt zu Franz: „Siehst du die Leiter?"
Sie klettern abwärts und gehen weiter.
Der Zauberkünstler lässt sich Zeit,
nimmt dann sein Tuch und wirft es breit.

Er schwingt sein Zepter auf und nieder, –
doch kommen Fritz und Franz nicht wieder!
Der Zaubrer fällt vor Schrecken um.
Ganz ähnlich geht's dem Publikum.

Nur Fritz und Franz sind voller Freude.
Sie schleichen sich aus dem Gebäude.
Und Mamelock sucht sie noch heute.

Aus: Erich Kästner: Das Schwein beim Frisör. Zürich 1962. S. 172.

**10** Erzähle mit eigenen Worten, was auf der Bühne bei der Zaubershow geschieht.

**11** Ermittle die Vers- und Strophenzahl sowie das Reimschema des Gedichtes.

**12** In welchem Versmaß ist das Gedicht geschrieben? Zeichne dir als Hilfe die Silben als x auf und markiere die betonten Silben.

**13** In Vers 11, 15 und 20 steht jeweils ein Gedankenstrich. Was drückt er aus?

Bereits in Einheit 8 hast du viele Gedichte kennengelernt. Mit dem Wissen aus dieser Einheit kannst du nun aber einige weitere Aufgaben zu diesen Gedichten bearbeiten.

CHRISTIAN MORGENSTERN: **Der Frühling kommt bald**

Herr Winter,
geh hinter,
der Frühling kommt bald!
Das Eis ist geschwommen,
die Blümlein sind kommen,
und grün wird der Wald.

Herr Winter,
geh hinter,
dein Reich ist vorbei.
Die Vöglein alle,
mit jubelndem Schalle,
verkünden den Mai!

Aus: Zauberwort. Die schönsten Gedichte für Kinder aus vier Jahrhunderten. Würzburg 2004. S. 73.

**14** **Ermittle im Gedicht von Christian Morgenstern das Reimschema und das Versmaß. Nutze die freie Fläche zum Aufschreiben des Schemas.**

THEODOR STORM: **Die Stadt**

Am grauen Strand, am grauen Meer
und seitab liegt die Stadt;
der Nebel drückt die Dächer schwer,
und durch die Stille braust das Meer

eintönig um die Stadt.
Es rauscht kein Wind, es schlägt im Mai
kein Vogel ohn' Unterlass;
die Wandergans mit hartem Schrei
nur fliegt in Herbstesnacht vorbei,
am Strande weht das Gras.

Doch hängt mein ganzes Herz an dir,
du graue Stadt am Meer;
der Jugend Zauber für und für
ruht lächelnd doch auf dir, auf dir,
du graue Stadt am Meer.

Aus: Theodor Storm: Gesammelte Werke. Band 1. Nymphenburger Verlagshandlung. München 1981. S. 22.

**15** Ermittle im Gedicht von Theodor Storm das Reimschema und das Versmaß.

**16** Wie passen die Ergebnisse aus Aufgabe 15 zum Inhalt des Gedichtes?

1 **Kläre zunächst einige Begriffe, die im Gedicht vorkommen. Hierzu kannst du ein Lexikon oder das Internet verwenden: Wo ist eigentlich das Havelland? Was ist eine Pantine? Was ist ein Büdner?**

THEODOR FONTANE:
**Herr von Ribbeck auf Ribbeck im Havelland**

Herr von Ribbeck auf Ribbeck im Havelland,
ein Birnbaum in seinem Garten stand,
und kam die goldene Herbsteszeit
und die Birnen leuchteten weit und breit,
da stopfte, wenn's Mittag vom Turme scholl,
der von Ribbeck sich beide Taschen voll,
und kam in Pantinen ein Junge daher,
so rief er: „Junge, wiste 'ne Beer?"
Und kam ein Mädel, so rief er: „Lütt Drin,
kumm man röwer, ick hebb 'ne Birn."

So ging es viel Jahre, bis lobesam
der von Ribbeck auf Ribbeck zu sterben kam.
Er fühlte sein Ende. 's war Herbsteszeit,
wieder lachten die Birnen weit und breit;
da sagte von Ribbeck: „Ich scheide nun ab.
Legt mit eine Birne mit ins Grab."
Und drei Tage drauf, aus dem Doppeldachhaus,
trugen von Ribbeck sie hinaus,
alle Bauern und Büdner mit Feiergesicht
sagen: „Jesus meine Zuversicht",
und die Kinder klagten, das Herze schwer:
„He is dod nu. Wer giwt uns nu 'ne Beer?"

So klagten die Kinder. Das war nicht recht –
ach, sie kannten den alten Ribbeck schlecht;
der neue freilich, der knausert und spart,
hält Park und Birnbaum strenge verwahrt.
Aber der alte, vorahnend schon
und voll Misstrauen gegen den eigenen Sohn,
der wusste genau, was damals er tat,
als um eine Birn' ins Grab er bat;
und im dritten Jahr aus dem stillen Haus
ein Birnbaumsprössling sprosst' heraus.

Und die Jahre gehen wohl auf und ab,
längst wölbt sich ein Birnbaum über dem Grab,
und in der goldenen Herbsteszeit
leuchtet's wieder weit und breit.

Und kommt ein Jung' übern Kirchhof her,
so flüstert's im Baum: „Wiste 'ne Beer?"
Und kommt ein Mädel, so flüstert's: „Lütt Drin,
kumm man röwer, ick gew' di 'ne Birn."

So spendet Segen noch immer die Hand
des von Ribbeck auf Ribbeck im Havelland.

Aus: Zauberwort. Die schönsten Gedichte für Kinder aus vier Jahrhunderten. Würzburg 2004. S. 110.

**2** **Herr von Ribbeck und die Kinder sprechen in dem Gedicht mit sehr starkem Dialekt. Übersetze ihre Aussagen ins Hochdeutsche.**

**3** **Wieso lässt sich der alte Herr von Ribbeck eine Birne ins Grab legen?**

**4** **Bestimme die Vers- und Strophenzahl sowie das Reimschema des Gedichtes.**

**5** **Damit das Versmaß regelmäßig bleibt, verkürzt Theodor Fontane an vielen Stellen die Wörter. Finde solche Textstellen. Wie müsste es eigentlich heißen?**

**6** **Ermittle nun das Versmaß.**

# Check

## Fitness-Einheit 9 Gedichte untersuchen 2

| Was ich kann. Meine Kompetenzen | Ja. | Nein, nochmals üben ab | |
|---|---|---|---|
| Das Versmaß mit betonten und unbetonten Silben in einem Gedicht erkennen, wenn ich das Gedicht laut vortrage und mitklopfe. | | | Seite 102 f.; 104: A 1 u. 2 |
| Das Versmaß in ein Schema mit xxx übertragen, in dem ich die betonten Silben markiere. | | | Seite 104: A 3; 105: A 6; 106: A 10; 107: A 3; 108: A 8; 109: A 12; 110: A 14; 111: A 15 |
| Die wichtigsten festen Schemata für Versmaße Jambus, Trochäus, Daktylus im Gedicht erkennen. | | | Seite 102; gesamte Einheit |
| Das Reimschema eines Gedichtes bestimmen. | | | Seite 104: A 1 u. 2; 106: A 9; 107: A 1 u. 2; 108: A 9; 109: A 11; 110: A 14; 111: A 15 |
| Die wichtigsten Reimschemata Paarreim, Kreuzreim, umarmender Reim im Gedicht erkennen. | | | Seite 103 |
| Das Stilmittel der Lautmalerei kennen. | | | Seite 106: A 10 |

## Sachtext? – was ist das?

Man kann Texte in zwei unterschiedliche Gruppen aufteilen: fiktionale und nichtfiktionale Texte.

**Fiktionale Texte** sind frei erfunden. Der Autor denke sich eine eigene Welt (z. B. Ort, Personen, …) und eine Handlung aus. Romane, Erzählungen, Gedichte und Kurzgeschichten sind fiktionale Texte.

Beispiel für einen fiktionalen Text:

**Auszug aus dem Buch „Level 4 – Die Stadt der Kinder“**
VON ANDREAS SCHLÜTER

(…) Endlich war Ben zu Hause. Er rannte in sein Zimmer, schmiss die Schultasche in die Ecke und nahm die CD-ROM aus der Hülle. Seine Hände zitterten, teils vor Aufregung, teils, weil er den ganzen Schulweg zurückgelaufen war. Noch schwer atmend legte er die Scheibe ins Fach. Mit einer raschen Handbewegung wischte Ben alles vom Tisch, was beim Spielen störte. Dann schaltete er den Computer ein. Der Bildschirm flackerte. Ein kurzes Piepsen. Die üblichen Standardzeilen tauchten in gelber Leuchtschrift auf und verschwanden wieder. Ben begann das Spiel zu installieren. Schließlich quäkte eine schrille, einfache Melodie durch den Raum, dann meldete der Bildschirm:

DIE STADT DER KINDER
Das Superabenteuerspiel der Computergames GmbH
Und den anderen Quatsch:
Dieses Spiel ist geschützt
Zu bestellen bei …

Und so weiter. „Macht schon!“, brüllte Ben den Computer an. Endlich zeigte der Bildschirm eine Einkaufsstraße. (…)

Aus: Andreas Schlüter: Level 4 – Die Stadt der Kinder. 12. Auflage. München 2005. S. 17.

**Nichtfiktionale Texte heißen auch Sachtexte.** Der Autor denkt sich keine eigene Welt aus, sondern berichtet über die Wirklichkeit, die „echte Welt“. So sind z. B. alle Zeitungsartikel, alle Lexikoneinträge oder auch Artikel in Geschichtsbüchern Sachtexte. Alle Ereignisse und Personen in den Sachtexten existieren wirklich. Nichtfiktionale Texte wollen zumeist **über etwas informieren**.

Beispiel für einen nichtfiktionalen Text auch zum Thema CD

**Die CD, ein Speicher für vieles?**

CD steht für „Compact Disc“. Das sind die silbernen Scheiben, auf denen Musik oder auch Computerprogramme gespeichert sind.

Eine CD ist also eine „Speicherplatte“ – und zwar eine sogenannte „optische Speicherplatte“. Das heißt: Mit einem kleinen Laserstrahl werden die Informationen als klitzekleine Vertiefungen in die CD gebrannt. Auf einer Seite der CD ist eine Aluminiumschicht, die das Licht reflektiert. Das Licht wird von den Vertiefungen unterschiedlich zurückgeworfen. Dadurch kann der Computer die Informationen verstehen und dir Musik vorspielen oder ein Computerspiel zeigen.

Eine CD, auf der Computerdaten statt Musik gespeichert sind, heißt CD-ROM.

(Aus: www.br-online.de/kinder/fragen-verstehen/computer/2003/00089 vom 24.07.2009)

**Wie arbeitet man mit einem Sachtext?**

**Die 5-Schritt-Lesemethode**

**1. Überfliegen**
Im ersten Schritt geht es darum, einen ersten Überblick über den Inhalt und Aufbau des Textes zu bekommen. Schaue auf die **Überschriften**, Fettgedrucktes und sonstige Hervorhebungen und die Anfänge von Abschnitten. Bei Büchern schaust du dir auch das Inhaltsverzeichnis an.

**Die CD, ein Speicher für vieles?**

CD steht für *Compact Disc*. Das sind die silbernen Scheiben, auf denen Musik oder auch Computerprogramme gespeichert sind.

Eine CD ist also eine *Speicherplatte* – und zwar eine sogenannte „optische Speicherplatte“. Das heißt: Mit einem kleinen Laserstrahl werden die Informationen als klitzekleine Vertiefungen in die CD gebrannt. Auf einer Seite der CD ist eine Aluminiumschicht, die das Licht reflektiert. Das Licht wird von den Vertiefungen unterschiedlich zurückgeworfen. Dadurch kann der Computer die Informationen verstehen und dir Musik vorspielen oder ein Computerspiel zeigen.

Eine CD, auf der Computerdaten statt Musik gespeichert sind, heißt CD-ROM.

(Aus: www.br-online.de/kinder/fragen-verstehen/computer/2003/00089 vom 24.07.2009)

**2. Fragen**
Überlege dir nach dem ersten Überfliegen: Worum geht es eigentlich in dem Text? Was ist das Thema? Auf welche Fragen wird mir der Text eine Antwort geben? Was ist deine Leseabsicht, was willst du also eigentlich von diesem Text erfahren? Schreibe die Fragen zunächst auf, später kannst du sie im Kopf behalten.

Der Artikel erklärt, was eine CD ist.
Es geht darum, wie eine CD technisch funktioniert.
Es geht darum, wozu man eine CD benutzt.

**3. Lesen**
Jetzt beginnt das eigentliche Lesen. Denke dabei an deine Fragen und deine Leseabsicht (Was willst du wissen?). Mache dabei beim Lesen kleine „Sekundenpausen“, damit sich das Gelesene einen kurzen Moment im Gedächtnis setzen kann.

Wie funktioniert eine CD technisch?

**4. Zusammenfassen**
Nach jedem Sinnabschnitt solltest du kurz aufschauen und dir überlegen: Was habe ich gerade gelesen? Fasse den Text kurz mit eigenen Worten zusammen, am besten ist es, wenn du das laut machst, also immer wieder Selbstgespräche führst. Einigen Schülern hilft es auch, sich an dieser Stelle auf einem Extrablatt Notizen zu machen.

Auf CDs kann man Musik und Computerprogramme speichern

In einer Aluminiumschicht befinden sich kleine Vertiefungen. Diese enthalten Informationen, die ein Computer mithilfe eines Laserstrahls lesen kann.

**5. Wiederholen**
Wenn du den gesamten Text gelesen hast, fasst du noch einmal im Kopf oder laut zusammen. Formuliere dabei in eigenen Worten. Berücksichtige wieder deine Fragen vom Anfang und deine Leseabsicht.

**Wie erschließe ich den Sachtext?**

1. Lesen mit der 5-Schritt-Lesemethode (s. o.)
2. Unbekannte Begriffe z. B. in einem Fremdwörterlexikon nachschlagen
3. Zentrale Schlüsselwörter mit einem Textmarker markieren und wichtige Zusatzinformationen mit einem Bleistift unterstreichen.
4. Text in Sinnabschnitte teilen
5. Sinnabschnitte mit Überschriften zusammenfassen

Computerdaten werden auf sogenannten CD-ROMs gespeichert.

**Die CD, ein Speicher für vieles?**

Die Abkürzung CD

CD steht für Compact Disc. Das sind die silbernen Scheiben, auf denen Musik oder auch Computerprogramme gespeichert sind.

Funktionsweise

Eine CD ist also eine Speicherplatte – und zwar eine sogenannte „optische Speicherplatte“. Das heißt: Mit einem kleinen Laserstrahl werden die Informationen als klitzekleine Vertiefungen in die CD gebrannt. Auf einer Seite der CD ist eine Aluminiumschicht, die das Licht reflektiert. Das Licht wird von den Vertiefungen unterschiedlich zurückgeworfen. Dadurch kann der Computer die Informationen verstehen und dir Musik vorspielen oder ein Computerspiel zeigen.

CD-ROM

Eine CD, auf der Computerdaten statt Musik gespeichert sind, heißt CD-ROM.

Marvin hat den nebenstehenden Text bearbeitet. Er hat versucht, sich mithilfe von Unterstreichungen und Markierungen eine bessere Übersicht zu verschaffen.

**Grundrecht – Grundgesetz – Gesetz: Was ist der Unterschied?**

An Jugendliche unter 16 Jahren dürfen keine Zigaretten verkauft werden. Seit 2007 kann man deshalb nur noch mit Geldkarten, auf denen das Geburtsjahr steht, am Automaten Zigaretten ziehen. So steht es im Jugendschutzgesetz.

„So was Gemeines!“, denken jetzt vielleicht einige von euch. Und was ist mit meiner Freiheit? Die ist doch im Grundgesetz garantiert! Dort steht aber auch: „Jeder hat das Recht auf Leben und körperliche Unversehrtheit.“ Wieso dürfen Erwachsene dann rauchen? Erwachsene sind für sich selbst verantwortlich, Kinder noch nicht. Für sie ist Tabak besonders schädlich. Deshalb schützt sie der Staat davor.

Im Grundgesetz stehen unsere Grundrechte ganz vorne. Es sind die ersten 19 Artikel: die Menschenrechte, die für alle Menschen auf der Welt gelten, wie z. B. der Schutz des Lebens, Meinungs- und Religionsfreiheit, Gleichberechtigung, Versammlungsfreiheit. Und die Bürgerrechte, die nur den Bürgern dieses Staates zustehen, wie etwa das Wahlrecht.

Diese Grundrechte und die Aufteilung Deutschlands in Länder dürfen nicht geändert werden, die anderen Grundgesetz-Artikel aber schon – dazu braucht es eine Zweidrittelmehrheit von Bundestag und Bundesrat. Diese Artikel regeln zum Beispiel, wie unser Staat funktioniert, welche Ämter was dürfen, was die Bundeswehr soll und vieles andere.

Damit alles reibungslos abläuft, gibt es Gesetze. Das sind Gebote und Verbote, an die sich jeder halten muss und die sich auch ändern können: Das Tabak-Verbot für Jugendliche etwa wurde verschärft, weil immer mehr Jugendliche rauchen.

Aus: Heinz Klippert: Methoden-Training. Übungsbausteine für den Unterricht. 11. Auflage. Weinheim 2000. In Anlehnung an: S. 99.

**1 Beantworte die folgenden Fragen zum Text schriftlich:**

**a) Wie hat sich das Gesetz beim Verkauf von Zigaretten 2007 verändert?**

b) Warum schränkt der Staat die Freiheit von Jugendlichen manchmal ein (z. B. beim Kauf von Zigaretten)?

c) Für wen gelten Menschenrechte und für wen Bürgerrechte?

d) Was kann im Grundgesetz nicht verändert werden?

e) Warum gibt es eigentlich Gesetze?

2 Erkläre, warum es sich um einen Sachtext handelt.

3 Marvin hat in jedem Absatz die Schlüsselwörter markiert. Formuliere zu jedem Absatz eine zusammenfassende Zwischenüberschrift.

4 Lies den Text „Ein Gläschen Sekt – der Staat trinkt mit“ mit Hilfe der 5-Schritt-Lesemethode gründlich durch. Schlage dir unbekannte Begriffe im Lexikon nach.

**Ein Gläschen Sekt – der Staat trinkt mit.**
**Wozu sind Steuern gut?**

Wenn es ums Geldverdienen geht, waren die Menschen schon immer erfinderisch. Auch der Staat lässt sich einiges einfallen, um an das Geld heranzukommen. Mit fast 40 verschiedenen Steuern füllt er seine Kassen.

Der Finanzminister freut sich über jeden Euro, den eure Eltern verdienen. Weil er davon Lohn- und Einkommens-

**5** Um welche Textart handelt es sich? Begründe deine Antwort.

**6** a) Markiere die 3–5 wichtigsten Schlüsselwörter mit einem Textmarker.

b) Unterstreiche dann die zentralen Zusatzinformationen mit einem Bleistift. Achtung: Unterstreiche nur sehr sparsam, konzentriere dich auf die wichtigen Begriffe.

c) Teile den Text nun in Sinnabschnitte. Wann beginnt ein neuer Gedanke im Text?

**7** Wenn du den Text sorgfältig bearbeitet hast, dürften die folgenden Fragen für dich kein Problem sein:

a) Wie nennt man das Geld, das der Staat von seinen Bürgern einnimmt?

b) Warum freut sich der Finanzminister, wenn dein Vater oder deine Mutter viel verdienen?

c) Was ist die Mineralölsteuer?

steuer bekommt. Aber nicht jeder muss gleich viel Steuern zahlen: Wer viel verdient, zahlt mehr als jemand, dessen Einkommen gerade für das Nötigste reicht. Es macht ja keinen Sinn, davon viel abzuziehen, wenn der Staat diese Menschen dann wieder unterstützen müsste. Fast 40 Prozent aller Steuern kommen aus Löhnen und Gehältern.

Den zweitgrößten Brocken macht die Umsatzsteuer aus. Wir zahlen sie auf alles, was wir kaufen. Sie wird auch Mehrwertsteuer genannt, weil damit sozusagen alles besteuert wird, womit eine Ware durch ihre Herstellung und den Verkauf an Wert gewonnen hat.

Die dritte Steuer, die das Staatssäckel ordentlich füllt, ist die Mineralölsteuer, die für jeden Liter Benzin und jeden Liter Heizöl fällig ist.

An ihr zeigt sich, dass Steuern auch eine „Ordnungsfunktion“ haben können: Wer viel Benzin verbraucht, zahlt mehr, weil er die Umwelt mehr belastet. Und wer viel fährt, nutzt auch die Straßen mehr ab. Auch Raucher kassiert der Staat gerne ab, weil Tabak schädlich ist. Allein im Jahr 2003 hat der Staat über 14 Milliarden Euro Tabaksteuer verdient! Das ist fast viermal so viel, wie die Schaumwein- (Sekt), Branntwein- und Biersteuer zusammen einbrachten.

Aus: Christine Schulz-Reiss: Nachgefragt: Politik.
Basiswissen zum Mitreden. Bindlach 2005. S. 26 und 90.

**Tipp:** Falls du dich noch weiter über Politik informieren möchtest, klick doch auf www.hanisauland.de oder www.hanisauland.de/lexikon.

d) Wieso ist es gerecht, dass jemand, der viel Benzin kauft, auch viel Mineralölsteuer zahlen muss?

e) Deutschland hat etwas mehr als 80 Millionen Einwohner. Wie viel Euro Tabaksteuer hat also jeder Deutsche 2003 ungefähr im Durchschnitt bezahlt?

## Jana wünscht sich einen Hund.

Eigentlich weiß sie aber gar nicht, was da genau auf sie zukommt. Deshalb zeigt ihr ihr Vater die Informationen auf der Seite des Deutschen Tierschutzbundes.

Nach dem Lesen ist Jana beeindruckt: „Oha, das habe ich ja alles gar nicht gewusst! Da kommt eine Menge auf mich zu!“

Was hat Jana erfahren?

**1** **Lies den Text mit Hilfe der 5-Schritt-Lesemethode.**

**2** **Markiere dir die wichtigen Schlüsselbegriffe. Welche Themen behandeln die einzelnen Abschnitte?**

___________________________________

___________________________________

___________________________________

___________________________________

___________________________________

___________________________________

___________________________________

___________________________________

___________________________________

___________________________________

___________________________________

___________________________________

___________________________________

___________________________________

___________________________________

___________________________________

Auf der Internetseite www.jugendtierschutz.de findet ihr ganz viele Informationen rund um das Thema Tiere und Tierschutz des Deutschen Tierschutzbundes. Auf dieser Seite sind die Tipps extra für Jugendliche geschrieben. Der folgende Text stammt von der Seite.

### Der Hund

Der Hund, bekannt als unser ältestes Haustier, war bereits vor tausenden von Jahren ein vom Wolf abstammender Jagdbegleiter. Sein feines Gehör und sein ausgeprägter Geruchssinn waren dem Menschen schon damals sehr hilfreich. Heute sprechen wir jedoch vom „besten Freund des Menschen“ und können ihn in kleinen Gruppen oder auch einzeln halten. Beachtet aber, je weniger Platz für ihn vorhanden ist, oder je kleiner eure Wohnung ist, desto kleiner sollte auch euer Hund sein.

Wenn ihr einen Welpen möchtet, sollte er mindestens 10 bis 12 Wochen alt sein, da ist er von seiner Mutter entwöhnt und konnte zusammen mit seinen Geschwistern Selbstvertrauen entwickeln. Sollte eure Wahl jedoch auf einen nicht mehr ganz jungen Hund fallen, wird auch er sich sehr schnell an euch gewöhnen. Schaut doch einfach mit euren Eltern mal in einem Tierheim vorbei, dort findet ihr sicher ganz viele, die sich nach einem neuen, glücklichen Zuhause sehnen. Ihr solltet euch darüber im Klaren sein, dass ihr mit einem Hund eine sehr große Verantwortung übernehmt. Seine Menschenfamilie ersetzt ihm sein Rudel, hier gelten gewisse Regeln die beide befolgen müssen, das heißt ihr und euer Hund, schließlich seit ihr für ihn sein Rudelführer.

In der Wohnung braucht er seinen festen Platz, wo er schlafen kann. Er soll sich dort zurückziehen können und immer freien Zugang dazu haben. Je nach Beschaffenheit des Bodens, braucht er einen Korb, Matte oder eine Decke. Bei kaltem Steinboden könnte er krank werden und eine Blasen- oder Nierenentzündung bekommen. Wenn er sich auf seinen Ruheplatz zurückzieht, möchte er weder spielen noch gestreichelt werden. Er möchte seine Ruhe. Es ist ganz wichtig, dass ihr dies respektiert.

Bei der Ernährung eures Hundes ist vor allem wichtig, dass ihr ihm nicht euer übrig gebliebenes Mittagessen füttert! Er braucht seine eigene Mahlzeit, aus seinem eigenen Futternapf, das aus gutem Fertigfutter, etwas gekochtem Gemüse (Mohrrüben) und Obst bestehen kann. Verachtet er Gemüse oder Obst, braucht ihr euch keine Sorgen machen, bei qualitativ gutem Fertigfutter erhält er

**3** Was muss Jana mit ihren Eltern vor dem Hundekauf bedenken?

**4** Welche regelmäßigen Aufgaben kommen auf den Hundebesitzer zu?

**5** Welche großen Fehler kann Jana begehen?

auch genügend Nährstoffe. Seine erste Mahlzeit kann morgens erfolgen, anschließend noch einmal am Nachmittag. Zum Trinken braucht er frisches Wasser, angeboten in einem extra Napf und immer ausreichend vorhanden. Dies solltet ihr ihm nicht als Futter geben: Kein rohes Fleisch (kann zu tollwutähnlicher Krankheit führen), keine Knochen (können zu Verstopfung führen), keine Tischabfälle wie Fischreste mit Gräten (Erstickungsgefahr), keine Süßigkeiten und keine Milch (wird von den meisten Hunden nicht vertragen).

Damit euer Hund ein glückliches Hundeleben hat, ist es wichtig, dass er sehr viel Auslauf bekommt. Bekannt als Lauftier will er täglich lange Strecken zurücklegen können. Hierfür benötigt ihr ein Halsband oder besser ein Hundegeschirr und eine Leine und vor allem aber müsst ihr genügend Zeit für ihn haben. Im besten Fall kann er selbständig von der Wohnung in einen großen Garten. Aber auch ein Garten ersetzt auf gar keinen Fall den täglichen Spaziergang. Beim Spazierengehen schnüffelt er viel am Boden und an den Bäumen. Hier haben bereits andere Hunde ihre Duftmarken hinterlassen. Der sehr feine Geruchssinn macht es möglich, dass euer Hund diese Botschaften entschlüsseln kann. Er weiß also ganz genau, wann ein anderer Hund an dergleichen Stelle war. Ein Hund braucht auch Hundefreunde, um zufrieden zu sein. Ihr lernt sicher bei euren Spaziergängen andere Hundehalter kennen. Die Hunde sollten sich vertragen. Vielleicht spielen sie sogar miteinander. Wenn dies der Fall ist, solltet ihr euch regelmäßig für gemeinsame Spaziergänge verabreden.

Damit euer Hund sein „großes“ und „kleines“ Geschäft erledigen kann, müsst ihr mindestens viermal mit ihm raus. Wenn es soweit ist, bemerkt ihr dies an seinem Verhalten, er schnüffelt mit gesenktem Kopf am Boden und sucht nach einem „Plätzchen“. Vermeiden solltet ihr aber bitte Kinderspielplätze mit Sandkasten (unhygienisch). Um keine Ärgernisse bei anderen Menschen hervorzurufen, solltet ihr die Hinterlassenschaften einfach mit einer Tüte aufnehmen und im nächsten Abfalleimer entsorgen.

Das gemeinsame Ziel sollte ein harmonisches Zusammenleben sein. Um dies zu erreichen, sollte euer Hund ein paar Grundbegriffe des Gehorsams befolgen können wie zum Beispiel „Komm“, „Sitz“, „Platz“ „Bleib“. Um ihm das Lernen solcher Befehle zu erleichtern ist es wichtig, dass ihr immer die gleichen Begriffe verwendet. Vor allem solltet ihr ihn viel loben, streicheln oder mit Hundekuchen verwöhnen, wenn er folgsam war. Bringt aber ausreichend Geduld mit und überfordert ihn nicht. Vielleicht besucht ihr auch einen Hundeerziehungskurs. Mit einem Hund kannst du sehr viel Freude erleben, er ist sehr sensibel und zeigt anhand seines Gesichtsausdrucks, seiner Augen, seinen Lefzen, seiner Ohren und vor allem seiner Rute seine Hundelaune.

Aus: www.jugendtierschutz.de/2221.html vom 24.07.2009

Wenn ihr euch für Tiere interessiert und etwas leichtere Texte lesen wollt, findet ihr ganz viele Informationen auch auf der Seite www.tierschutzkids.de.

Hier noch ein ganz anderer Text zum Thema Hunde:

**6** **Jana erkennt sofort, dass sie aus diesem Text keine Informationen für ihren Hundekauf entnehmen kann. Warum nicht? Um was für einen Text handelt es sich?**

JUTTA RICHTER: **Der Hund mit dem gelben Herzen**

*Die Kinder Prinz Neumann und Lotta haben gerade einen Hund gefunden:*

„Der kann ja sprechen“, sagt Prinz Neumann. Lotta grinst. „Alle Hunde können sprechen“, sagt der Hund. „Bellen“, verbessert Prinz Neumann. „Wie du das nennst, ist mir egal“, sagt der Hund. „Aber … aber das verstehe ich doch nicht, das Bellen“, stottert Prinz Neumann. „Und dich kann ich verstehen! Wie kommt das?“ „Fremdsprachen“, antwortet der Hund. „Ich spreche Menschisch, Kätzisch, Täubisch, ein wenig Rättisch und selbstverständlich Hündisch.“

Prinz Neumann sieht Lotta an. „Kannst du ihn auch verstehen?“ „Na klar“, sagt Lotta. „Er hat mich ja angesprochen im Wald.“ „Und du hast dich nicht gewundert?“ Lotta denkt nach. „Eigentlich nicht. Ich hatte keine Zeit dazu. Außerdem ist er nicht sehr gesprächig.“

Aus: Jutta Richter: Der Hund mit dem gelben Herzen oder die Geschichte vom Gegenteil. 7. Auflage. München 2008. S. 11–12.

1 **Lies den Text mit Hilfe der 5-Schritt-Lesemethode.**

2 **Plane, wie du den Sachtext untersuchst.**

3 **Untersuche dann den Sachtext nach deinen geplanten Schritten.**

TINA GENTNER: **Herz – Der Muskel fürs Leben**

„Zwei Herzen schlagen in meiner Brust!" – Dieses Zitat aus Goethes Faust ist fast zur Redewendung geworden und bedeutet eigentlich, dass sich jemand nicht wirklich entscheiden kann, was er will. Hannah Clark aus England konnte viele Jahre lang diesen Satz sagen und er stimmte ganz wortwörtlich: Sie hatte nämlich **zwei Herzen** in ihrer Brust. Durch eine so genannte „Huckepack-Operation" hat sie als kleines Mädchen ein zweites Herz eingepflanzt bekommen, weil ihr eigenes nicht stark genug war. (…)

Ein menschliches Herz ist ungefähr so groß wie eine Faust und wiegt ein bisschen mehr als ein Päckchen Butter. Täglich schlägt es über 100.000 Mal und pumpt dabei die ungefähr fünf Liter Blut, die jeder Mensch hat, 1.500 Mal im Kreis herum. Dein Herz ist hohl. Innen drin sind vier Kammern, zwei Hauptkammern und zwei Vorkammern. Die linke Hälfte des Herzens pumpt das Blut in den Körper. Bei jedem Herzschlag pumpt es ungefähr 70 Milliliter Blut in die Aorta. In der Stunde passieren also 10 Liter Blut das Herz. Das verbrauchte Blut kommt aus dem Körper zurück ins Herz. Und zwar in die rechte Hälfte und die pumpt es in die Lungenkreislauf, wo es mit frischem Sauerstoff angereichert wird. Das Blut fließt also immer nur in eine Richtung in den Adern. Dafür sorgen auch die **Herzklappen** – die funktionieren wie ein Ventil: Wenn das Herz einen Schwung Blut rausgepumpt hat, schließen sich die Klappen wieder, damit das Blut nicht wieder zurückfließt. Bei jedem Herzschlag öffnen und schließen sich also die Herzklappen. Das heißt, am Tag öffnen sie sich ungefähr 115.200 Mal. Im Jahr macht das ungefähr 42 Millionen Mal und wenn jemand 80 Jahre alt ist, haben sich dessen Herzklappen schon **3.363.840.000 Mal** geöffnet und geschlossen.

Du willst die Kraft spüren, mit der das Herz das Blut durch die Adern jagt? Dann leg mal den Finger an dein Handgelenk oder an den Hals – hier kannst du den Pulsschlag spüren. Heute werden viele Menschen am Herzen operiert. Für viele dieser Eingriffe muss nicht einmal mehr der Brustkorb des Patienten geöffnet werden. Durch kleine Löcher werden die Instrumente und eine Kamera eingeführt. Darüber können die Ärzte ins Innere sehen und operieren den Kranken über den Monitor.

Bei manchen Herzkrankheiten hilft auch keine Operation mehr. Was die Patienten dann brauchen, ist ein neues Herz, ein „Spenderherz". In Deutschland warten über 500 Menschen auf ein neues Herz. Natürlich brauchen auch alle anderen Menschen ihr Herz. Man kann es also erst entnehmen, wenn ein anderer Mensch für „hirntot“ erklärt wurde. Das bedeutet, dass seine Organe wie Herz, Lunge oder Leber dieses Patienten zwar noch funktionieren, aber sein Gehirn nicht mehr. Wenn die Ärzte schnell genug sind und der Patient vor seinem Tod eingewilligt hat, kann man ihm oder ihr die Organe entnehmen und anderen Menschen einpflanzen.

Aus: www.br-online.de/kinder/fragen-verstehen/klaro/lupe/2009/02682/ vom 28.07.2009

**4 Welche Zahlen liefert der Text? Stelle sie in einer Liste zusammen.**

Tipp: Wenn du Bilder zum Thema Herz und Blut sehen möchtest, schaue dir doch auch die Quelle an, aus der der Text stammt, dort gibt es weiteres Material: www.br-online.de/kinder/fragen-verstehen/klaro/lupe/2009/02682/.

| Was ich kann. Meine Kompetenzen | Ja. | Nein, nochmals üben ab | |
|---|---|---|---|
| Den Unterschied zwischen fiktionalen und nichtfiktionalen Texten/Sachtexten kennen. | | | Seite 115; 119: A 2 u. 5; 124: A 6 |
| Einen Text mit der 5-Schritt-Lesemethode bearbeiten. | | | Seite 116; alle Texte der Einheit |
| Begriffe in einem Fremdwörterlexikon nachschlagen. | | | Seite 117; 119: A 4 |
| In einem Text die zentralen Schlüsselwörter finden. | | | Seite 120: A 6a; 122: A 2 |
| Wichtige von unwichtigen Informationen unterscheiden und wissen, welche zentralen Zusatzinformationen zu unterstreichen sind. | | | Seite 119: A 3; 120: A 6b |
| Einen Text in Sinnabschnitte einteilen. | | | Seite 120: A 6c |
| Einzelne Sinnabschnitte mit knappen Überschriften zusammenfassen. | | | Seite 119: A 3; 122: A 2 |
| Nach Bearbeitung eines Sachtextes, Fragen zum Inhalt beantworten und wichtige Informationen gezielt entnehmen können. | | | Seite 118: A 1; 120: A 7; 123: A 3–5 |

# Lösungen 1 Märchen untersuchen/ nacherzählen

## Kurs

Seite 10 – 13

**Aufgabe 2**
Seite 10

Ausgangslage: Z. 1–7 (Mitte)
Prüfung: Mittelteil
Belohnung: in den letzten 4 Zeilen

---

**Aufgabe 3**
Seite 11

Am **Anfang**: der Jüngste sucht die älteren Brüder, die ein so wildes Leben führen, dass sie nicht nach Hause zurückfinden würden. Als der jüngere Bruder sie findet, um zu helfen, lachen die beiden ihn nur aus, weil er der dümmste von den dreien ist.

Am Ende sind die beiden älteren Brüder zunächst in Stein verwandelt, durch die Taten des Bruders werden sie erlöst. Der Dummling erhält als Belohnung für seine Taten vom König die Tochter des Königs und wird nach seinem Tod König, auch die beiden Brüder heiraten und zwar die anderen Töchter des Königs.

---

**Aufgabe 4**
Seite 12

| Merkmal eines Märchens | Wo findet sich dieses Merkmal in der „Bienenkönigin"? |
|---|---|
| Wirklichkeit und Wunderwelt gehen ineinander über | Die Ameisen erkennen die Not des Dummlings und helfen ihm. |
| Ort und Zeit sind unbekannt | die einzige Zeitangabe ist das Wort „einmal"; auch der Ort wird dem Leser nicht genannt |
| Die Märchengestalten haben keinen Namen. | Die drei Brüder werden nur „Brüder" genannt, auch der Name „Dummling" ist kein wirklicher Vorname. |
| Klare Trennung zwischen Gut und Böse | Die zwei älteren Brüder quälen die Tiere, der Dummling tut das nicht. |
| Notlage am Anfang | Die beiden älteren Brüder führen ein wüstes Leben, aber auch dass das Schloss erlöst werden muss. |
| Die Geschichte steht im Präteritum. | Gingen, gerieten, kamen, … sind Verbformen in der Vergangenheit |

---

**Aufgabe 5**
Seite 12

| Märchenfigur | Eigenschaften |
|---|---|
| drei Brüder, einer heißt „Dummling" | Dummling: Naiv, gutmütig, hilfsbereit;<br>Die beiden älteren Brüder: wild, übermütig, eigentlich dumm, überheblich, brutal |
| Der Ameisenkönig | Hilfsbereit, dankbar, erkennt Gutherzigkeit des Dummlings |

---

**Aufgabe 6** **a)**
Seite 13

Beispiel: die Brüder sind weg; die brutalen Taten der Brüder; das Suchen der Perlen; die Belohnung

**b)** Individuell. Vorschlag: Weil seine zwei Brüder verschwunden sind, machte sich der jüngste Bruder, der Dummling hieß, auf die Suche. Als er sie fand, machten sie sich nur über ihn lustig. Sie gingen gemeinsam weiter. Unterwegs begegneten ihnen Ameisen, Enten und Bienen. Die beiden älteren Brüder wollten alle Tiere quälen. Nur weil der Kleinste immer wieder sagte, dass sie die Tiere doch in Frieden leben lassen sollten, ließen sie von ihnen ab. Dann kamen sie an ein Schloss, fanden aber nur leere Säle und versteinerte Pferde. Ein kleines Männlein zeigte ihnen eine steinerne Tafel mit Aufgaben, mit denen sie das Schloss erlösen konnten.

In der ersten Aufgabe mussten sie tausend Perlen im Wald finden. Wenn sie das nicht an einem Tag schafften, würden sie zu Stein werden. Die beiden ältesten Brüder schafften es beide nicht. Dummling war nun an der Reihe und war auch schnell verzweifelt. Da kamen die Ameisen und halfen ihm, er konnte die Aufgabe so lösen. In der zweiten Aufgabe sollte er den Schlüssel vom Schlafzimmer der Prinzessin aus einem See holen. Die Enten halfen ihm dabei. Die dritte Aufgabe bestand darin, die Schönste und Jüngste der Töchter des Königs zu erkennen. Die drei schlafenden Töchter sahen allerdings alle gleich aus. Der einzige Unterschied war, dass die eine vor dem Einschlafen Honig gegessen hatte. Die Bienen halfen dem Dummling und er fand das richtige Mädchen. Alle versteinerten Menschen erwachten wieder zum Leben, der Dummling heiratete die schönste und jüngste Königstochter, die älteren Brüder die zwei Schwestern.

---

**Aufgabe 7**
Seite 13

Sei immer gut zu deinen Mitmenschen, irgendwann bist du auch einmal auf ihre Hilfe angewiesen.

## Training

Seite 14 – 17

**Aufgabe 2**
Seite 14

Individuell: Du kannst dich an den Abschnitten orientieren, die der Autor auch gemacht hat, also die Absätze beachten; allerdings kann man Abschnitte auch zusammenfassen, so kann ein Abschnitt „Im Kinderzimmer" (Z. 17–44) sein, ein anderer Abschnitt „Sturz aus dem Fenster" (Z. 67–74) usw.

---

**Aufgabe 3**
Seite 14

Zu Anfang: schön, sehr gerade und in Uniform, allerdings fehlt ihm ein Bein

im Mittelteil: auch bei der Irrfahrt bleibt der Zinnsoldat standhaft und zerbricht z. B. nicht, mit der Zeit verliert er aber seine Farbe

Am Ende: er wird in den Ofen geworfen und schmilzt dort zu einem Zinnherz

---

**Aufgabe 4 a)**
Seite 14

Wirklichkeit und Wunderwelt gehen ineinander über: der Soldat kann denken: „Das wäre eine Frau für mich."

- Ort und Zeit sind unbekannt: Im ganzen Text findet sich keine genau Angabe, wann und wo die Handlung spielt.
- Märchengestalten haben keinen Namen: weder der Soldat, noch die Tänzerin werden mit Namen benannt, auch die Kinder, die mit dem Soldaten spielen sind namenlos.
- Klare Trennung zwischen Gut und Böse: Die Ratte ist z. B. eindeutig böse: „Hu, wie fletschte sie die Zähne"
- Das Märchen steht im Präteritum: Es waren einmal …

**b)** In diesem Märchen siegt das Gute nicht, der gute Zinnsoldat schmilzt am Ende. Er wird allerdings zu einem Herz.

---

**Aufgabe 5 a)**
Seite 17

| Märchenfigur | Eigenschaften |
|---|---|
| der Soldat | Standhaft, naiv, gutherzig, ehrlich |
| Tänzerin | Klein, fein, beweglich, zierlich, schön |
| Kobold | Frech, verschlagen, böse |
| Ratte | Böse, hinterlistig, gefährlich |

**b)** Vorschlag: Ein Junge bekam eine Schachtel Zinnsoldaten geschenkt. Die 25 Figuren waren alle genau gleich, lediglich der letzte hatte nur ein Bein, weil der Zinn nicht reichte. Er konnte allerdings auch auf einem Bein stehen.
Die Zinnsoldaten wurden auf einen Tisch gestellt, auf dem auch ein Spielzeugschloss aus Papier stand. In dem Schloss stand eine Papierfigur, ein kleine Tänzerin. Sie hob ihr Bein so hoch in die Luft, dass es für den einbeinigen Zinnsoldaten so aussah, als hätte das Mädchen auch nur ein

Bein. Er dachte, dass das eine gute Frau für ihn wäre. In der Nacht wurde das Spielzeug im Zimmer des Jungen lebendig, nur der Soldat und die Tänzerin standen ganz ruhig da. Um 12 Uhr erschien ein schwarzer Kobold und drohte dem Soldaten.
Am nächsten Tag wurde der Soldat auf die Fensterbank gestellt. Er fiel hinaus, vielleicht wegen des Koboldes oder wegen des Windes. Sein Besitzer suchte ihn auf der Straße, fand ihn aber nicht. Erst zwei Straßenjungen sahen den Soldaten dort liegen. Sie nahmen ihn mit, bastelten ein Papierboot und setzten den Soldaten hinein. Da es regnete, fuhr er nun mit dem Boot den Rinnstein entlang. Dann begegnete ihm eine Ratte, die ihn aber nicht aufhalten konnte. Als sein Papierboot vom Wasser aufgeweicht zerriss, wurde der Soldat von einem Fisch gefressen. Der Fisch wurde von Fischern gefangen und von einer Köchin gekauft. Beim Öffnen des Fisches fand sie die Soldaten. Es war zufälligerweise in demselben Haus, in dem der Soldat vorher gewesen war. Der Junge warf den Soldaten aber in den Ofen. Vom Wind wurde auch das Papiermädchen in den Ofen getragen. Der Soldat schmolz, das Mädchen verbrannte. Vom Soldaten blieb nur ein Herz aus Zinn übrig.

## Check

Seite 18 – 22

**Aufgabe 1**
Seite 18

- Nur die Zeitangabe „einst"
- Es sind unmögliche Dinge möglich, so öffnet sich eine Wand mit Hilfe eines Zauberspruches.

Ali Baba ist eindeutig gut, sein Bruder und die Räuber eindeutig böse
Ali Baba wird durch das Finden der Hölle vor eine schwierige Aufgabe/Prüfung gestellt.
Die Geschichte steht im Präteritum.

---

**Aufgabe2**
Seite 18

- Die Handlung spielt in Persien.
- Die Namen sind persisch bzw. arabisch.

Der Vater stirbt, als es „Allah" – also der Gott im islamischen Glauben – so will.

---

**Aufgabe 3**
Seite 18

Ali Baba: gutmütig, bescheiden, gut, lustig, lebensfroh, Geld ist ihm nicht so wichtig

Kasim: verschwenderisch, angeberisch, gierig, Geld ist ihm sehr wichtig, kann sich kaum freuen, immer in Sorge um seinen Besitz

---

**Aufgabe 4**
Seite 22

Individuell. Vorschlag: Kasim und Ali Baba waren zwei Brüder, die von ihrem Vater beide nur wenig erbten. Damit konnten sie nur ein ärmliches Leben führen. Kasim heiratete eine reiche Frau, die von ihrem Vater viel erbte. Kasim war aber sehr geizig, weil er immer Angst hatte, wieder arm zu werden. Ali Baba heiratete ein armes Mädchen, war glücklich mit ihr und immer sicher, dass er durch ein Wunder irgendwann reich werden würde.
Eines Tages begegneten Ali Baba im Wald bewaffnete Männer. Er versteckte sich schnell mit seinem Esel in einem Gebüsch. Er kletterte auf einen Baum und konnte beobachten wie die Männer stehen blieben. Sie hatten viel Gold und Silber in den Satteltaschen ihrer Pferde. Der Anführer der Räuber rief: „Sesam, öffne dich!" In den Steinen öffnete sich plötzlich eine Höhle. Alle Männer ritten in die Höhle. Die Tür schloss sich wieder und lange Zeit passierte nichts.
Ali Baba blieb im Baum sitzen, er hatte Angst, dass er den Männer begegnen könnte, wenn er herunterkletterte. Irgendwann öffnete sich das Tor wieder und die Männer kamen heraus. Der Anführer rief als letzter: „Sesam, schließe dich!" und das Tor ging wieder zu. Die Männer ritten davon.
Ali Baba ging zu der Stelle, an der sich die Höhle geöffnet hatte. Er rief: „Sesam, öffne dich!" und tatsächlich ging das Tor auf. Er ging in die Höhle und war in einem Saal, der aussah, als wäre er von Menschen gebaut worden. In dem Saal befanden sich unendlich viele Schätze, Schmuck, Teppiche und anderen wertvolle Gegenstände. Es mussten alles Beutestücke von Diebstählen sein.
Ali Baba beschloss, nicht viel zu nehmen, nur einen Sack voller Goldmünzen. Den lud er auf seinen Esel und ritt heim.

# Lösungen 2 Sagen untersuchen

## Kurs Seite 24 – 27

**Aufgabe 1**
Seite 24

Der Trojanische Krieg ist wohl nicht nur eine „Erfindung" des Autors Homer, sondern hat tatsächlich stattgefunden.

**Aufgabe 2**
Seite 24

Weißt du nun, was Zwietracht, eine Meernymphe und Sparta ist?

**Aufgabe 3**
Seite 24

3. Troja lag in der heutigen Türkei.

**Aufgabe 4**
Seite 24

Sie war nicht eingeladen, das machte sie wütend. Der Apfel soll an die Schönste gegeben werden, also weiß Eris, dass der Apfel einen Streit unter den weiblichen Hochzeitsgästen auslösen wird.

**Aufgabe 5**
Seite 24

Hera: alle Macht auf Erden
Athene: Ruhm
Aphrodite: die schönste Frau der Welt
Aphrodite bringt Paris nach Sparta zum König Menelaos. Seine Frau Helena ist die schönste Frau auf Erden, die Paris entführt, um sie mit nach Troja zu nehmen.

**Aufgabe 6**
Seite 24

Paris hat die Frau des Königs von Sparta entführt. Dafür will sich der König Menelaos natürlich rächen. Deshalb beginnt er den Krieg gegen Paris, den Sohn des Königs von Troja.

**Aufgabe 7**
Seite 25

Er will ein riesiges Pferd aus Holz bauen, das der Gegner nichtsahnend in seine Stadt ziehen soll. Im Körper des Pferdes verstecken sich die Soldaten, um nachts herauszusteigen und dann schon in der Festung des Feindes zu sein.

**Aufgabe 8**
Seite 25

Auch der Habicht benutzt eine List. Er versteckt sich vor der Taube, damit sie glaubt, sicher zu sein. So wollen sich auch die Soldaten der Griechen im hölzernen Pferd verstecken.

**Aufgabe 9**
Seite 26

Die Griechen glauben, dass die Götter Siege und Niederlagen verteilen, dass der Ausgang des Krieges also von den Göttern bestimmt wird. Sie opfern deshalb den Göttern (Z. 46 f.) und deuten Zeichen (Z. 52 ff.).

**Aufgabe 10**
Seite 26

Die Trojaner sollen glauben, dass die Griechen aufgeben und somit auch ihr Lager verlassen und sich auf den Rückweg nach Griechenland machen.

**Aufgabe 11**
Seite 26

Wenn man einen „Trojaner" im Computer hat, kann einen jemand anderes ausspähen. Man hat also – ohne es zu wissen – den „Feind" in den eigenen Computer gelassen. Genauso ging es den Trojanern, die eigentlich nur ein Holzpferd in die Stadt geholt haben, ohne zu ahnen, dass der Feind sich darin befindet.

## Training Seite 28 – 30

**Aufgabe 1**
Seite 28

Individuell. Vorschlag: Die Trojaner freuten sich über das Geschenk des Feindes. Sie jubelten, feierten und tranken die ganze Nacht. Schließlich schliefen die Trojaner ein, sie waren so müde vom Fest und ihrer eigenen Trunkenheit. Der Spion der Griechen klopfte an das Pferd. Die Soldaten stiegen heraus und zogen ihre Schwerter, um gegen die Trojaner zu kämpfen. Sie überraschten diese im Schlaf. Es kam zu einem schrecklichen und grausamen Kampf mit vielen Toten. Diejenigen Trojaner, die überlebten, nahmen die Griechen als Sklaven mit. König Menelaos wollte seine Frau Helena eigentlich töten, als er sie aber sah, war er von seiner Schönheit und ihrer Lieblichkeit wieder so fasziniert, dass er ihr verzieh und wieder mit zu sich nach Hause nahm. Die hohen Flammen über Troja zeigten allen den Untergang der Stadt.

**Aufgabe 2** Seite 28

Es gibt einen geschichtlich wahren Kern (vgl. Zeitungsartikel im Kursteil).
Ein geschichtliches Ereignis wird ausgeschmückt erzählt.
Ein Held (hier: die Griechen und Odysseus, der die Idee hatte) wird gelobt.

---

**Aufgabe 3** Seite 28

Viele sterben auf grausame Weise in der Schlacht, die anderen werden als Sklaven von den Griechen gefangen genommen.

---

**Aufgabe 4** Seite 28

**a)** Paris hatte von Aphrodite das Versprechen, die schönste Frau der Welt zu erhalten. Sie hatte ihn nach Sparta gebracht, dort sah er die schöne Helena, die Frau des Königs Menelaos und entführte sie.

**b)** Individuell, z. B.: Da ist sie! Ich bringe sie um! Ich nehme mein Schwert und werde sie grausam umbringen! Aber nein … sie ist immer noch die wunderschöne Frau, die ich liebe. Ich bringe es nicht übers Herz, sie zu töten. Ich möchte sie wieder um mich haben. Ich werde sie mit nach Sparta nehmen, und wir können wieder zusammen leben.

---

**Aufgabe 5** Seite 29

Es war das Jahr 1284, als ein wunderlicher Mann nach Hameln kam. Er spielte eine Melodie auf seiner Pfeife. Alle Jungen und Mädchen folgten ihm und seiner Musik. Er führte die 130 Kinder in eine Höhle außerhalb der Stadt, aus der sie nie wieder auftauchten.

---

**Aufgabe 6** Seite 29

Er hatte die Stadt Hameln zuvor von einer Rattenplage befreit, den Lohn dafür aber von der Stadt nie erhalten.

---

**Aufgabe 7** Seite 29

Seine Pfeife spielt einen Ton oder eine Melodie, der alle Tiere bzw. Kinder folgen.

---

**Aufgabe 8** Seite 29

Der Straßenname (Z. 50 ff.) weist darauf hin, zudem sind am Poppenberg an der Stelle, an der die Kinder angeblich verschwunden sind, zwei Steine in Kreuzform aufgestellt (Z. 55 ff.).

---

**Aufgabe 9** Seite 29

**Die Kinder zu Hameln**

Im Jahre 1284 ließ sich zu Hameln ein wunderlicher Mann sehen. Er hatte einen Rock von vielfarbigem buntem Tuch an, weshalben er Buntding soll geheißen haben, und gab sich für einen Rattenfänger aus, indem er versprach, gegen ein gewisses Geld die Stadt von allen Mäusen und Ratten zu befreien. Die Bürger wurden mit ihm einig und versicherten ihm einen bestimmten Lohn. Der Rattenfänger zog demnach ein Pfeifchen heraus und pfiff, da kamen alsbald die Ratten und Mäuse aus allen Häusern hervorgekrochen und sammelten sich um ihn herum. Als er nun meinte, es wäre keine zurück, ging er hinaus und der ganze Haufen folgte ihm, und so führte er sie an die Weser; dort schürzte er seine Kleider und trat in das Wasser, worauf ihm alle die Tiere folgten und hineinstürzend ertranken.

Nachdem die Bürger aber von ihrer Plage befreit waren, reute sie der versprochene Lohn und sie verweigerten ihn dem Manne unter allerlei Ausflüchten, sodass er zornig und erbittert wegging. Am 26. Juni auf Johannis- und Paulitag, morgens früh um sieben, nach andern zu Mittag, erschien er wieder, jetzt in Gestalt eines Jägers, erschrecklichen Angesichts, mit einem roten wunderlichen Hut, und ließ seine Pfeife in den Gassen hören. Alsbald kamen diesmal nicht die Ratten und Mäuse, sondern Kinder, Knaben und Mägdelein vom vierten Jahr an, in großer Anzahl gelaufen, worunter auch die schon erwachsene Tochter des Bürgermeisters war. Der ganze Schwarm folgte ihm nach und er führte sie hinaus in einen Berg, wo er mit ihnen verschwand. Dies hatte ein Kindermädchen gesehen, welches mit einem Kind auf dem Arm von fern nachgezogen war, danach umkehrte und das Gerücht in die Stadt brachte. Die Eltern liefen haufenweis vor alle Tore und suchten mit betrübtem Herzen ihre Kinder; die Mütter erhoben ein jämmerliches Schreien und Weinen. Von Stund an wurden Boten zu Wasser und Land an alle Orte herumgeschickt zu erkundigen, ob man die Kinder oder auch nur etliche gesehen, aber alles vergeblich. Es waren im ganzen hundertunddreißig verloren. Zwei sollen, wie einige sagen, sich verspätet und zurückgekommen sein, wovon aber das eine blind, das andere stumm gewesen, also dass das blinde den Ort nicht hat zeigen können, aber wohl erzählen, wie sie dem Spielmann gefolgt wären; das stumme aber den Ort gewiesen, ob es gleich nichts gehört. Ein Knäblein war im Hemd mitgelaufen und kehrte um, seinen Rock zu holen, wodurch es dem Unglück entgangen; denn als es zurückkam, waren die andern schon in der Grube eines Hügels, die noch gezeigt wird, verschwunden.

Die Straße, wodurch die Kinder zum Tor hinausgegangen, hieß noch in der Mitte des XVIII. Jahrhunderts (wohl heute noch) die bunge-lose (trommel-, tonlose, stumme), weil kein Tanz darin geschehen noch Saitenspiel gerührt werden durfte. Ja, wenn eine Braut mit Musik zur Kirche gebracht ward, mussten die Spielleute über die Gasse hin stillschweigen. Der Berg bei Hameln, wo die Kinder verschwanden, heißt der Poppenberg, wo links und rechts zwei Steine in Kreuzform sind aufgerichtet worden. Einige sagen, die Kinder wären in eine Höhle geführt worden und in Siebenbürgen wieder herausgekommen.

Aus: Johannes Dickhaus (Hrsg.): Germanische und deutsche Sagen. Paderborn 2004. S. 16–18.

„Die Kinder zu Hameln" ist eine Sage, weil folgende Textmerkmale erfüllt werden: Es werden bestimmte Namen und Orte genannt, hier ist das die Stadt Hameln und das Jahr 1284 (s. erster Satz des Textes). Die Ausschmückungen, z. B. dass ein blindes und ein stummes Kind nachher von dem Ereignis berichten bzw. den Berg zeigen konnten, erscheinen eher später hinzugefügt.

**Aufgabe 10** Seite 30

Individuell, aber z. B.: Das kann doch nicht wahr sein! Diese Betrüger! Ich habe ihnen geholfen und nun wollen sie nicht zahlen! Das kann ich mir nicht bieten lassen. Aber was soll ich tun? Die Ratten sind tot, ich kann sie nicht zurück in die Stadt bringen. Was würde den Menschen von Hameln eine Lehre sein? Ich habe da eine Idee(...) sie ist ziemlich brutal und grausam, aber diese Lehre werden die Bürger nie vergessen.

## Check

Seite 31 – 32

**Aufgabe 1** Seite 31

- Es gibt einen wahren Kern, so wird der Ort sehr genau benannt.
- Es handelt sich um eine Heldensage, die die Taten Siegfrieds schildert.

**Aufgabe 2** Seite 31

Das Schwert schmiedete Regin aus den Splittern des Schwertes von Siegfrieds Vater, das in seinem letzten Kampf zersprungen war. Ursprünglich hatte er es von Odin erhalten. Mit dem Schwert kann Siegfried einen Amboss zerschlagen und vorbeifließende Wolle mühelos zerschneiden.

**Aufgabe 3** Seite 31

Regin suchte einen mutigen und starken Kämpfer für die Schlacht gegen den Drachen Fafnir.

**Aufgabe 4** Seite 31

Der Drache sagt Siegfried voraus, dass der Schatz ihm Unglück und sogar den Tod bringen wird. Daher ahnt der Leser, dass Siegfried noch Schreckliches mit dem Nibelungenhort erleben wird.

# Lösungen

# 3 Einen inneren Monolog schreiben

## Kurs — Seite 35 – 37

| | |
|---|---|
| **Aufgabe 1** Seite 35 | Melanie Prosser, Sally-Ann Simpson, Vicky Farrant, Angus Burns, Clare Tonks, Lucy |
| **Aufgabe 2** Seite 35 | Der erste und vierte Abschnitt ist aus der Nähe von Melanie Prossers Mädchenbande geschrieben. Wir hören, was die drei Mädchen Melanie, Sally-Ann und Vicky sprechen, ihre Gedanken und Gefühle müssen wir uns denken. Der zweite und dritte Abschnitt ist aus der Sicht von Angus Burns geschrieben, hier haben wir als Leser auch einen Einblick in seine Gedanken und Gefühle. |
| **Aufgabe 3** Seite 36 a) | Ich-Form, Gedanken und Gefühle werden deutlich, ehrlich und offen, im Präsens geschrieben |
| b) | Aus der Sicht von Melanie Prosser |
| **Aufgabe 4** Seite 36 | Individuell, z. B.: Da stehen Melanie, Sally-Ann und Vicky. Ich weiß, dass die drei wieder etwas Böses im Schilde führen. Wie gemein sie schon gucken. Und sie lächeln, als wären sie die liebsten Mädchen der Schule. Ob sie es heute wieder auf Clare abgesehen haben? Oder vielleicht auf Lucy? Sie hat heute Geburtstag. Melanie ist so fies, sie weiß genau, wie sie Leuten weh tun kann. Ich würde mich so gerne wehren, ich würde sie am liebsten verprügeln. Aber gegen drei habe ich keine Chance. Außerdem werden sie mich dann auf dem Kieker haben. Das will ich doch auch nicht. |
| **Aufgabe 5** Seite 36 | Individuell, möglicher Anfang: Huch, ist das komisch! Es riecht hier in der Küche heute ganz anders, irgendwie nach Gras. Ob es heute ein Grasessen gab? Mmmmh, das hatten die Menschen ja noch nie. Komisch. Oder ist das Fenster auf? Nein, das ist sogar verriegelt. Vielleicht ist die Tür nicht ganz zu und der Geruch kommt durch die Tür aus dem Garten … Ah! Oh Gott! Hilfe! Mir wird heiß, mir wird schlecht! Das ist die Katze! Ich muss weg! Rennen, rennen, rennen … Puh, geschafft, ich bin im Wohnzimmer. Ich muss die anderen warnen, dass die Tür offen steht. |

## Training — Seite 38 – 39

| | |
|---|---|
| **Aufgabe 1** Seite 39 | Die Erzählerin Sarah spricht direkt mit dem Leser („Auch du verdrehst wahrscheinlich die Augen und denkst: Uiuiui, so schlau ist die aber nicht.“, Z. 6 f.). Außerdem schildert sie keine Gefühle und Gedanken, die in einem bestimmten Moment der Handlung durch ihren Kopf gehen, sondern sie leitet in die Handlung ein, die sie gleich erzählen wird. |
| **Aufgabe 2** Seite 39 a) | Sie denkt nach, sie ist unsicher, welcher Name der richtige ist. |
| b) | Sie lernt die Benutzeroberfläche des Chatrooms kennen, sie erkennt, dass viele Besucher sich untereinander kennen. Außerdem lernt sie mit den Smileys umzugehen. |
| c) | Sie will nicht wie ein kleines Mädchen wirken, wahrscheinlich möchte sie bei den Männern, die sich im Chat befinden, interessant und kein Kind sein. |
| **Aufgabe 3** Seite 39 | Individuell, möglicher Anfang: Oh, da bin ich schon auf der Seite. Gast oder registrieren lassen? Ich glaube, ich werde erst mal als Gast den Chatroom erkunden. Nun brauche ich noch einen Namen. Was klingt denn interessant? Und nicht so wie ein kleines Mädchen … Wolfslady, das ist cool. Da wird auch keiner drauf kommen, dass ich mich dahinter verberge. So, da bin ich ja schon im Chat. Ist das spannend. 12 andere Personen sind auch hier. Kennen die sich schon? Was soll's, ich bin anonym, ich werde einfach mal mitmachen … |

# Lösungen

# 3 Einen inneren Monolog schreiben

## Check

Seite 40 – 41

**Aufgabe 2**
Seite 40

Der Monolog ist an einer Stelle im Präteritum geschrieben („Ich konnte das verstehen, ich fand das …"), ein innerer Monolog steht immer im Präsens („Ich kann das nicht gut, die Frau …"), ein innerer Monolog wird in der Ich-Form geschrieben („Ich finde das nicht gut, die Frau …").

---

**Aufgabe 3**
Seite 41

Individuell, möglicher Anfang: Puh, ein Sitzplatz. Nette Frau gegenüber, ich glaube sie lächelt mich sogar an. Huch, was tritt mich denn da? Oh, das Kind hat ja eine Behinderung, es sieht sehr kraftlos aus, nun bäumt es sich ziemlich auf. Das Kind sieht genau aus wie Jakob, die Bewegungen kenne ich ganz genau von meinem Bruder. Warum steht die Frau neben mir auf? Doch wohl nicht, … ich fasse es nicht. Ich glaube die blöde Kuh ist wirklich weggegangen, weil das Kind so zappelt. Ich kenne diese schrecklichen Situationen, man hält Jakob fest, versucht ihn zu beruhigen, nur um nicht aufzufallen. Diese Menschen sind so ungerecht! Sie verstehen doch gar nicht, wie schwierig es ist, sich jeden Tag immer wieder für den Bruder rechtfertigen zu müssen. Dabei sollte sich doch wohl keiner daran stören, wenn man im Bus mal etwas Unruhe um sich hat. Ich will es der Frau sagen, dass sie sich vor mir nicht genieren braucht, aber irgendwie sage ich dann doch nichts … vielleicht sollte ich sie anlächeln. Ach verdammt, das sieht dann oft so gekünstelt, so unecht aus …

## Kurs

Seite 44 – 48

**Aufgabe 2** Seite 44

a) ja

b) nur bei dem Ausruf „Aua!"

c) ja

d) Fast gar nicht, lediglich die Frage, die Michael sich selbst stellt („Wollte er besonders leise sein?") und der Ausruf des Diebes („Aua!") sind spannend, ansonsten ist die Geschichte sehr nüchtern und sachlich erzählt. Es kommt kaum Spannung auf.

e) Die Überschrift ist zwar passend, aber wenig einladend. Der Leser ist wohl kaum angeregt, diese Geschichte zu lesen.

---

**Aufgabe 3** Seite 44

Individuell. Vorschlag: An einem Abend in den Sommerferien konnte Michael nicht schlafen. Es war so heiß im Zimmer. Doch was war das? Er hatte doch etwas gehört! War das unten im Wohnzimmer? Michael stand auf und ging ganz langsam die Treppe hinunter. Er schlich durch den Flur. Da!, er hörte eindeutig Geräusche. Er spähte durch die Wohnzimmertür. Und da sah er den Mann. Er stand vor dem Wohnzimmerschrank. „Der sucht bestimmt Geld", dachte Michael. Doch dann fiel ihm etwas auf. Was ist denn das? Der Mann hatte tatsächlich nichts an den Füßen, er war barfuß in das Haus eingebrochen. „Na warte, da habe ich eine Idee", sagte Michael zu sich selbst. Er holte schnell aus der Küche eine Hand voller Reißzwecken. Geschickt war er sie ins Wohnzimmer in die Richtung des Diebes. Dieser drehte sich ruckartig um. Doch dann schrie er schon: „Au! Aua! Oh nein!" Er sprang von einem Bein auf das andere und konnte nicht fortlaufen. Michael musste laut lachen und zu seiner Erleichterung sah er einen Polizisten in der Tür stehen, der auch laut lachte: „Gut, gemacht Junge, dein Vater hat mich mit dem Telefon aus dem Schlafzimmer alarmiert. Aber du hast noch klüger reagiert."

---

**Aufgabe 4** Seite 44

Individuell,

z. B.: 1. Wer: Johanna, Ferdinand, die sprechende Maus, Ritter; Wann: am Nachmittag; Wo: Spielplatz an einer alten Burg unterhalb des Burgturms; Was: schöner Sommernachmittag, auf dem Spielplatz, am Rand sitzt eine Maus, die plötzlich redet: „Wo ist mein Stück Käse geblieben?"

2. Johanna und Ferdinand bleiben vor Schreck wie angewurzelt stehen. Starren die Maus an. Hatten sie noch nie vorher gesehen. Ritter schaut aus Fensteröffnung. Lässt an einem Strick Stück Käse herunter. Will Maus fangen. Maus lacht und …

3.–4. Reizwortgeschichte: individuell

---

**Aufgabe 5** Seite 45

Wortfelder:

Beispiele für:

Wortfeld „laufen": rennen, sausen, hetzen, flitzen, …

Wortfeld „essen": fressen, mampfen, stopfen, schlabbern, schaufeln, mümmeln, nagen, probieren, knabbern, kauen, genießen, verschlingen, …

Wortfeld „froh": heiter, erfreut, munter, lustig, humorvoll, spaßig, köstlich, …

Wortfeld „traurig": betrüblich, kränkend, kummervoll, ängstigend, …

Wortfeld „wütend": ärgerlich, gereizt, unmutig, missgestimmt, empört, …

---

**Aufgabe 6** Seite 48

Es passieren Dinge, die es in der Wirklichkeit nicht geben kann. So verändert z. B. das Kaugummi immer wieder seinen Geschmack und macht satt. Zudem kann sich ein Kind vom Kauen eines Blaubeerkaugummis nicht blau verfärben.

## Training

Seite 49 – 52

| | |
|---|---|
| **Aufgabe 1 u. 3** Seite 49 | Geschichte zu einem Bild: individuell |
| **Aufgabe 2** Seite 49 | Der Anfang könnte so aussehen: „Nein, getäuscht habe ich mich nicht! Es war im Morgengrauen. Am Horizont lugte schon die Sonne hervor, als ich aus meinem Fenster auf den Bauernhof meiner Großeltern schaute. Mir blieb die Spucke weg, denn ich sah wie zwei Katzen … |
| **Aufgabe 4** Seite 49 | Es passiert etwas, das in der Wirklichkeit nicht sein kann: Die Erwachsenen sind einfach spurlos verschwunden, weil ein Computerspiel defekt ist. |
| **Aufgabe 5** Seite 49 | Individuell, mögliche Ideen: Man könnte sich in der Eisdiele einfach satt essen (aber Achtung: niemand wird Nachschub produzieren); man könnte im Kaufhaus alle Dinge mitnehmen, die man gerne besitzen möchte; im Fernsehen liefe kein Programm, weil das ja von Erwachsenen produziert wird, … |
| **Aufgabe 6** Seite 50 | Individuell |
| **Aufgabe 7 a)** Seite 50 | A) Wer: Sebastian, seine Eltern; Wann: abends; Wo: zu Hause; Was: Sebastian ist im Keller, oben knallt die Tür.<br>B) Wer: Tina, kleines grünes Männchen; Wann: in den Herbstferien; Wo: im Badezimmer; Was: Kleines grünes Männchen klettert aus dem Spülkasten und spricht.<br>C) Wer: wir; Wo: Zauberschule; Was: neuer Trick; Wann: letzte Woche.<br>Lösung 7 b und 7 c individuell |
| **Aufgabe 8** Seite 51 | Die Verschiebeprobe: Wir liefen um unser Leben. Dicht hinter uns konnten wir den heißen Atem des Ungeheuers hören. Wir erreichten die Tür an der Treppe. Mit letzter Kraft öffneten wir sie. Hinter uns schlossen wir sie schnell zu. Den Schlüssel drehten wir um. Wir waren in Sicherheit! |
| **Aufgabe 9** Seite 51 | Die Ersatzprobe: Plötzlich sahen wir das Monster an der Tür. Dieses riesige Ungeheuer sah uns an. Wir konnten seinen Atem riechen. Das Ungetüm kam auf uns zu. Wir sprangen zur Seite, um dieser Bedrohung zu entkommen.<br>Ich sagte zu ihm: „Lass mich in Ruhe." Er antwortete nicht. Ich schrie nun lauter: „Hau ab" Er wisperte nur ganz leise: „Nein, du wirst mich nie mehr los." „Das kann doch alles nicht wahr sein", schoss es mir durch den Kopf. |
| **Aufgabe 10** Seite 52 | Die Erweiterungsprobe: Wir gingen durch einen dunklen, langen Gang. Die Holztür war abgeschlossen. Ich bemerkte, dass ich meine Lampe vergessen hatte. Plötzlich stand ein finster grinsender, alter Mann mit einer grauen Katze auf der Schulter vor uns. Er sagte: „Was sucht ihr an diesem Unglücksort?" Ich stieß gegen eine Kiste voller Staub, die jemand vor vielen Jahren hier auf den Boden gestellt haben musste. Die grausamsten Gedanken schossen mir durch den Kopf. |
| **Aufgabe 11** Seite 52 | Mark Twains Textauszug wird durch den Gebrauch von wörtlicher Rede, Schilderung von Gefühlen und genauen Beschreibungen (knarrend kamen Schritte, Z. 9) spannend. |

## Check

Seite 53 – 55

**Aufgabe 1**
Seite 53

Ein langer Schultag ging zu Ende, Charlotte ging nach Hause. Da erwartete ihre Mutter sie schon in der Tür: „Schnell das Mittagessen wird kalt!" Mutter lächelte zufrieden. Worüber freute sie sich so? Charlotte aß ihre Gemüsesuppe und wollte schon in ihr Zimmer gehen, als ihre Mutter sie aufhielt. „Warte, Schatz!", ich muss dir meine neuste Erfindung zeigen. „Oh, nein, bitte nicht!", dachte Charlotte. Ihre Mutter war von Beruf Erfinderin, aber bisher war noch keine ihrer Ideen wirklich gut gewesen. Was war es diesmal nur wieder. „Ich habe eine kostenlose Spülmaschine erfunden." Charlotte schaute skeptisch. „Ich habe Mücken dressiert, sie fegen mit dem Besen die Teller sauber." Gerade wollte Charlotte ihre Mutter auslachen, als sie große Augen machte. Nein, das konnte nicht sein! Drei kleine Mücken mit winzigen Besen liefen über ihren leeren Teller und wischten ihn sauber. Charlotte konnte ihren Augen nicht trauen. Das war Wahnsinn! Damit würde Mama reich werden! „Charlotte, Charlotte, du musst aufstehen, es ist halb sieben, das Frühstück ist fertig." Oh, nein, es war nur ein Traum gewesen!

---

**Aufgabe 4**
Seite 53

Die Fortsetzung könnte so lauten: Ich ging in die Küche, meine Eltern und mein Bruder saßen schon am Tisch. Sie schauten ratlos aus. „Du hast den Stein auch gesehen?", fragte Vater. Als ob man ihn übersehen könnte! Keiner wusste, woher der Stein kam und was er zu bedeuten hatte. „Er ist im Weg, er muss weg", beschloss Vater. Wie gingen alle vier aus dem Haus und versuchten, den Stein zu drehen und wegzurollen. Keine Chance! Er bewegte sich keinen Millimeter. Vater rief unseren Nachbarn Herrn Meier, er kam mit einem großen Radlader und schob den Stein von der Tür weg. Nun lag er am Rand vom Garten. Er war gleichmäßig grau, wir konnten keine Hinweise finden, woher er kam. Mein Bruder untersuchte ihn mit einer Lupe, weil er sicher war, eine Schatzkarte zu finden. Aber nichts! Es war ein ganz gewöhnlicher riesengroßer Stein. Ob er vom Himmel gefallen ist? Oder aus dem Boden gewachsen? Wir wissen es nicht und werden es wohl auch nie erfahren. Der Stein liegt heute immer noch in unserem Garten und erinnert uns jeden Tag an diese mysteriöse Begebenheit. Vielleicht finden wir irgendwann heraus, was es mit dem Stein auf sich hat …

---

**Aufgabe 6**
Seite 54

Tony und ich waren nun schon seit einer Woche im Schlaraffenland. Wir gingen wieder einmal durch die Wälder und genossen die vielen Früchte. Ein Baum mit Schokoladenkugeln, ein anderer mit Lakritzschnecken und sogar einer mit Eiskugeln in Waffeln. Es war einfach verrückt und toll. „Es ist alles so lecker hier, super!" „Ja, und das Tollste ist, dass man nicht satt wird. Wir können immer essen." Wir lachten zufrieden. Da kam ein Huhn an uns vorbeigelaufen. „Schade, ein Huhn kann man so ja nicht essen, ich hätte Hunger auf ein gebratenes Hühnchen." Dies hörte ein Mann, der gerade in der Sonne lag und Sahnetorte aß. „Dann bratet das Huhn doch." Wir verstanden ihn nicht so recht. Sollten wir das Tier schlachten, die Federn rupfen und es dann zubereiten? Er sah unseren überraschten Blick und lachte. „Ihr kennt wohl noch nicht den: Tier-ich-will-dich-essen-Knopf?" Wir schauten wieder ratlos. Da rief er das Huhn zu sich und zeigte uns einen roten, leuchtenden Knopf auf ihrem Kopf. „Jedes Tier hat so einen Knopf. Wenn ihr Hunger habt drückt ihr auf dem Knopf und denkt an das Fleischgericht von dem Tier, das ihr gerne hättet." „Muss das arme Huhn dann sterben?" „Nein", erklärte uns der Mann, „neben dem Tier steht dann ein Teller mit dem fertigen Essen, das Tier kann weiterlaufen." Wir probierten es direkt aus. Und schon stand ein Teller mit einem leckeren gebratenen Hühnerbein auf dem Boden neben unseren Füßen. Genial! Nun können wir uns ein Schnitzel bestellen, wenn wir ein Schwein sehen oder ein Fischstäbchen essen, wenn wir im See einem Fisch einfach nur leicht auf den Kopf drücken. Das Schlaraffenland hat wirklich an alles gedacht.

## Kurs

Seite 57 – 59

**Aufgabe 1** Seite 57

Individuell.

Beim Essen bleibt einem Wolf ein Knochen im Halse stecken. Ein Kranich hilft ihm aus der Not, steckt seinen Kopf in den Schlund des Wolfs und zieht den Knochen heraus. Als der Kranich nun den vom Wolf versprochenen Lohn einfordern will, erntet er nur die höhnische Antwort, er möge froh sein, dass der Wolf ihm nicht den Kopf abgebissen habe.

**Aufgabe 2** Seite 57

- … sie lediglich 17 Zeilen umfasst und man sie in wenigen Minuten lesen kann.
- … Z. 4 f.: „Er bat alle Tiere verzweifelt, ihm zu helfen …"
- … ihre Versprechen nicht einhalten/undankbar sind.
- … man seine Versprechen einhalten soll/dankbar sein soll.

**Aufgabe 3** Seite 58

**a)** Auch hier ist der Wolf hinterhältig. Als er auf Hilfe angewiesen ist, verspricht er eine Belohnung. Als er wieder stark ist, hält er sein Versprechen nicht ein.

**b)** Er ist falsch und verlogen. Sein Verhalten ist sehr ungerecht. Wenn er wieder Hilfe braucht, wird ihm der Kranich sicherlich nicht noch einmal helfen.

**Aufgabe 4** Seite 58

Adjektive z. B.: hilfsbereit, uneigennützig, mutig, naiv, gutgläubig

**Aufgabe 5** Seite 58

In der Fabel geht es um die Frage, wie ein Mäuschen einem Löwen helfen kann. Ein Mäuschen kann ein Netz, das einen Löwen gefangen hält an einigen Stellen durchnagen, sodass der Löwe es schließlich zerreißen kann.

**Aufgabe 6** Seite 59

Die Geschichte ist mit wenigen Zeilen sehr kurz.

Die Maus und der Löwe können wie ein Mensch reden und fühlen.

Der Löwe wird für seine Überheblichkeit kritisiert, es zeigt sich, dass er auf die Maus angewiesen ist, obwohl sie klein und schwach wirkt.

Die Moral steht am Ende und wird hier offen gesagt.

**Aufgabe 7** Seite 59

**a)** großmütig, überheblich, gönnerhaft, unwissend, naiv

**b)** Eigentlich sind die Löwen in einer Fabel sehr mächtig und weise, dieser Löwe ist aber eher naiv, er belächelt die Maus, obwohl sie ihm später das Leben retten wird.

## Training

Seite 60 – 63

**Aufgabe 1** Seite 60

„Oh, der andere Hund hat ja auch ein großes Stück Fleisch! Oder ist es sogar größer als meins? Das muss ich ihm abjagen. Ich werde schnell danach schnappen, dann habe ich zwei Stücke! Haha!"

**Aufgabe 2** Seite 60

z. B.: Der gierige Hund

**Aufgabe 3** Seite 60

gierig, unersättlich, habgierig, maßlos, missgünstig, …

**Aufgabe 4** Seite 60

Es ist eine sehr kurze Geschichte, in der der Hund menschliche Eigenschaften hat, die kritisiert werden, nämlich der Wunsch immer mehr zu haben, also die Habgier. Diese Moral wird im letzten Satz nochmals verdeutlicht.

| | |
|---|---|
| **Aufgabe 5** Seite 60 | Manchmal muss man mit dem zufrieden sein, was man besitzt. Dann kann man auch mit dem wenigen Besitz sehr glücklich sein. Wenn man immer nach mehr strebt, kann man vielleicht alles verlieren. |
| **Aufgabe 7** Seite 61 | Es ist eine kurze Geschichte, in der der Frosch menschliche Züge hat, so kann er z. B. sprechen. Es wird die Eigenschaft der Menschen kritisiert, dass viele als mehr scheinen wollen als sie eigentlich sind. Die Moral wird am Ende nochmals deutlich herausgestellt. |
| **Aufgabe 8** Seite 61 | Frosch: neidisch, unersättlich, geltungssüchtig, eigentlich klein<br>Ochse: groß, kräftig, mächtig |
| **Aufgabe 9** Seite 61 | Viele Menschen spielen sich mit Geschichten auf, die sie angeblich erlebt haben. Dabei „blasen" sie die Geschichten auf, indem sie immer wieder übertreiben und Dinge hinzuerfinden. |
| **Aufgabe 10** Seite 62 | Vorschlag: Ein Frosch sah einen Ochsen von mächtigem Wuchs auf einer Wiese stehen. Der Frosch wollte vor Neid vergehen, war er doch so winzig wie ein Ei. Er wünschte sich, gerne auch so groß wie dieser Riese zu sein.<br>Er blähte sich auf, wurde dicker und dicker. Er rief seine Schwester, ob er denn auch schon so groß sei. Sie winkte ab und sagte, dass er nie so ein Koloss werde. Sie wollte ihn überreden, aufzuhören. Aber umsonst: Es gab plötzlich einen Knall und der Frosch war geplatzt. Auf der Welt gibt es viele Gernegroße; schon ein Krämer möchte sich gerne ein Schloss erbauen, ein Provinzbaron sich Gesandte halten; alles nur, um den Großen zu gleichen. |
| **Aufgabe 12 a)** Seite 63 | die kleinen Welpen: hilflos, machen erste Erfahrungen, umsorgt<br>Silber: besorgt, selbstlos, hilfsbereit, sich aufopfernd, mütterlich<br>Der große schwarze Wolf: fürsorglich, besorgt, hilfsbereit |
| **b)** | Die Eigenschaften stehen im Gegensatz zu der üblichen Beschreibung eines Wolfes in der Fabel. |
| **Aufgabe 13** Seite 63 | Das Buch ist mit 144 Seiten sehr lang. Aus dem Auszug kann man keine Moral oder Lehre ableiten. |

## Check

Seite 64 – 65

| | |
|---|---|
| **Aufgabe 1** Seite 64 | Tiere: Hahn, Fuchs<br>Menschen: Direktor<br>Das Ich ist wahrscheinlich ein weiteres Tier oder vielleicht ein Mensch, der mit dem Hahn und dem Fuchs zusammenlebt. |
| **Aufgabe 2** Seite 64 | Es ist eine kurze Geschichte, in der die Tiere (Hahn und Fuchs) menschliche Eigenschaften haben. Das Verhalten des Hahns wird kritisiert, die Moral wird – wie es in der Fabel auch üblich ist – nicht offen genannt. |
| **Aufgabe 3** Seite 64 | Hahn: überheblich (Z. 20–23), mutig (Z. 3), ehrgeizig (Z. 13–15), übermütig (Z. 4 f.) |
| **Aufgabe 4** Seite 65 | A „Ich wollte dem Zirkusdirektor imponieren, ich dachte, einen langweiligen Hahn will doch kein Direktor in seinem Programm haben." |

# Lösungen 6 Fabeln untersuchen 2

## Kurs

Seite 68 – 69

| | |
|---|---|
| **Aufgabe 1** Seite 68 | In der Fabel geht es darum, dass ein Fuchs einem Raben seinen gestohlenen Käse wegschnappt, indem der Fuchs den Raben wegen seines Gesangs lobt. |
| **Aufgabe 2** Seite 68 | Z. 1–5: Ausgangssituation<br>Z. 5–9: Aktion des Fuchses<br>Z. 10–12: Reaktion des Raben<br>Z. 12–14: Ergebnis der Handlung<br>Z. 14: Moral |
| **Aufgabe 3** Seite 68 | Die Geschichte ist mit 13 Zeilen sehr kurz, der Rabe und der Fuchs haben menschliche Züge. Das Verhalten des Fuchses wird kritisiert, daraus wird dann auch die Moral abgeleitet. |
| **Aufgabe 4** Seite 68 | Fuchs: listig, hinterhältig, gierig<br>Rabe: naiv, leichtgläubig |
| **Aufgabe 5** Seite 68 | Der Fuchs, ihm ist es durch Schmeicheleien gelungen, den Käse zu gewinnen. |
| **Aufgabe 6** Seite 69 | Manchmal loben Menschen nur jemanden, um dann selbst einen Vorteil zu haben. So lobt man den Kuchen der Großmutter, damit sie einem noch ein weiteres Stück anbietet. |
| **Aufgabe 7** Seite 69 | Z. 1–3: Ausgangssituation<br>Z. 4–6: Aktion der Maus<br>Z. 10–13: Reaktion: das Verstricken im Netz und die Hilfe der Maus<br>Z. 13–15: Ergebnis der Handlung<br>Z. 16–18: Moral |
| **Aufgabe 8** Seite 69 | Der König ist sehr großmütig und gütig, er tut der Maus nichts an. |
| **Aufgabe 9** Seite 69 | Manchmal kann man auf die Hilfe von Menschen angewiesen sein, denen man eigentlich nicht viel zugetraut hat. Beispiel: eine Geldmünze fällt in ein kleines Loch. Nur der Kleinste kann in das Loch kriechen, um das Geld herauszuholen. Kraft und Größe helfen da nicht. |

## Training

Seite 70 – 73

| | |
|---|---|
| **Aufgabe 1** Seite 70 | Geh, Schelm, fiel ihm der König ein<br>Statt meinen Fehler nachzuahmen<br>So hink in deinem eignen Namen.<br>Er sprach und brach ihm knacks ein Bein. |
| **Aufgabe 2** Seite 70 | Z. 1–4: Ausgangssituation<br>Z. 5–9: Aktion des Affen<br>Z. 10–15: Reaktion des Löwen |
| **Aufgabe 3** Seite 70 | Der Löwe möchte seine Fehler nicht gezeigt bekommen. Vielleicht hat er das Gefühl, dass der Affe sich über ihn lustig macht. |
| **Aufgabe 4** Seite 70 | Ja: Der Affe verhält sich respektlos; oder: Nein: Der Affe will doch nur zeigen, dass er ein treuer Untertan des Königs ist. |
| **Aufgabe 5** Seite 71 | Wenn Menschen Fehler haben, soll man diese nicht zur Schau stellen. |
| **Aufgabe 6** Seite 71 | Z. 1–4: Ausgangssituation<br>Z. 5–9: Aktion des Frosches<br>Z. 10–12: Reaktion seines Körpers: er platzt<br>Z. 13–17: Moral/Lehre |

| | |
|---|---|
| **Aufgabe 7**<br>Seite 71 | Der Frosch wird kritisiert. Er will als mehr scheinen als er eigentlich ist. |
| **Aufgabe 8**<br>Seite 71 | Man soll sich so geben wie man wirklich ist und nicht versuchen, sich z. B. durch Lügengeschichten größer zu machen. |
| **Aufgabe 9**<br>Seite 71 | Z. 1–3: Ausgangssituation<br>Z. 4–13: Aktion des Hahns<br>Z. 14–19: Reaktion des Direktors<br>Z. 20–23: Reaktion des Hahns<br>Z. 24–27: indirekt: Lehre/Moral |
| **Aufgabe 10**<br>Seite 72 | Der Hahn: Er gibt sich als jemand aus, der er nicht ist. Er sagt nicht ehrlich, was er kann und was er nicht kann. |
| **Aufgabe 11**<br>Seite 72 | Man soll sich so geben, wie man wirklich ist. Man soll nicht versuchen, jemand zu sein, der man eigentlich nicht ist. |
| **Aufgabe 12**<br>Seite 72 | Der Affe zeigt zwar eine Aktion (er steckt seine Hand durch den Spalt), es fehlt aber die Reaktion. |
| **Aufgabe 13**<br>Seite 72 | Er ist zu gierig. |
| **Aufgabe 14**<br>Seite 72 | „Verdammt, ich will diese Nuss. Ich kann die Faust einfach nicht öffnen, dann fällt doch die Nuss weg. Ich will diese Nuss! Aber ich habe so Hunger! Egal, ich muss hier bleiben, ich darf die Nuss nicht verlieren." |
| **Aufgabe 15**<br>Seite 72 | Manchmal muss man auf schöne Dinge verzichten. Man darf nicht zu gierig sein. |
| **Aufgabe 16**<br>Seite 73 | Z. 1–2: Ausgangssituation<br>Z. 2–Ende: Es gibt keine Aktion der Tanne, es wird etwas mit ihr gemacht, sie reagiert auch nicht, die Nadeln fallen ihr einfach aus; auch eine Moral/Lehre fehlt. |
| **Aufgabe 17**<br>Seite 73 | Im Wald passiert sehr wenig, sie erlebt nicht viel. Jeder Tag ist gleich. Das ist ihr zu langweilig und macht sie traurig. |
| **Aufgabe 18**<br>Seite 73 | Manchmal möchte man ganz verrückte Dinge tun und findet sein Leben zu eintönig und fad. |
| **Aufgabe 19**<br>Seite 73 | Man muss sich auch mal mit dem „normalen" Alltag zufrieden geben. Er ist zwar nicht immer aufregend, bietet aber Sicherheit. |

## Check

Seite 74 – 75

| | |
|---|---|
| **Aufgabe 1–4**<br>Seite 74 f. | Als Muster für Aufbau und Schreibstil kannst du die in dieser Einheit untersuchten Fabeln nehmen. |

## Kurs

Seite 77 – 81

**Aufgabe 1**
Seite 77

Der Text besteht fast ausschließlich aus Dialogen. Es wird nur der Name der sprechenden Person genannt und dann, was sie sagt. Dazwischen findet man einige Regieanweisungen.

**Aufgabe 2**
Seite 77

Beispiele: Z. 5: „Sie schnipst.", Z. 11: „Lillys Handy klingelt, sie geht ran." – Man erkennt sie an der kursiven (schrägen) Schrift.

**Aufgabe 3**
Seite 77

Vorschlag: Betonung

**Maren** Wir haben hier alle die gleichen Chancen. Das hier ist nicht nur dein Casting.

**Lilly** Dann hör auch auf, ständig zu fragen, ob du es noch mal machen darfst.

*Sie schnipst.*

Ich! Ich! Herr Lehrer.

**Petra** Ich habe mich überhaupt nicht vorgedrängelt.

**Maren** Jeder macht hier sein Ding.

**Lilly** Kommt immer drauf an, wie viel Raum er sich dafür nimmt.

*Lillys Handy klingelt, sie geht ran.*

**Lilly** Ja hallo(...) ich weiß nicht, ob ich das noch schaffe(...) schick mir die Nummer als SMS, ich stell jetzt ab(...) erzähl ich dir nachher(...) Ciao Ciao

**Petra** Ich hab mich nicht vorgedrängelt.

**Maren** Ist das jetzt schon entschieden?

*Lilly hat inzwischen ihr Handy abgestellt, setzt sich zu den anderen.*

**Lilly** Vergessen wir das, okay?

**Petra** Okay.

**Lilly** *zu Maren* Hey, versuch doch mal ein bisschen locker zu sein, okay?

**Maren** Ich bin locker.

**Lilly** Dann möchte ich dich mal sehen, wenn du nervös bist.

*Maren reagiert nicht.*

**Lilly** Ich hab's nicht so gemeint.

**Petra** Machen wir uns einfach einen Spaß draus.

**Lilly** Okay.

**Petra** Bist du hier aus Hamburg oder so?

**Lilly** Hamburger Deern, immer gewesen.

*Lilly parfümiert sich mit (Sheisedo Wellness Duft o. Ä.)*

**Petra** Tolle Klamotten

**Lilly** Prada. Ein Tipp, geh nie mit einer Credit card in einen Prada Laden.

Aus: Lutz Hübner: Creeps. Ein Jugendtheaterstück. Stuttgart 2008. S. 17–18.

**Aufgabe 4**
Seite 78

Beispiel: Sie schaut die anderen abwertend an, sie posiert sehr selbstbewusst z. B. als sie sich parfümiert.

**Aufgabe 5** Seite 78

Vorschlag: Drei Mädchen sitzen bei einem Casting und warten gemeinsam. Sie unterhalten sich ein wenig über das Casting und ihre Kleidung, ein Mädchen telefoniert zwischendurch. Bei dem Gespräch der Mädchen wird deutlich, dass sie sich nicht besonders mögen.

---

**Aufgabe 6** Seite 78

Der Text enthält nicht nur Dialoge, die man auf der Bühne spielen kann, sondern viele Passagen, die nur ein Leser verstehen kann, z. B.: „er dachte daran, wie gut ihm seine Geburtstags-Schokolade geschmeckt hatte".

---

**Aufgabe 7** Seite 80

a) Charliy, Ladenbesitzer, ca. zwanzig Personen, die auch im Laden einkaufen (u. a. ein großer Junge, ein anderer Junge und ein junges Mädchen)

b) ein Laden, eine Theke, Regale im Hintergrund, in denen Schokolade liegt

c) Charlie betritt den Laden – legt das Geld auf die Theke; Verkäufer gibt Charlie Schokolade; Charlie schlingt die Schokolade hastig hinunter; Verkäufer ist freundlich; Verkäufer gibt ihm Wechselgeld; Charlie nimmt das Wechselgeld – hält inne – legt zögernd nochmals 10 Cent auf die Theke; Charlie reißt das Papier auf – stockt, als etwas Goldenes zu sehen ist; Ladenbesitzer springt in die Luft; ca. 20 Personen kommen herbeigelaufen – umringen Charlie; Charlie steht wie versteinert.

---

**Aufgabe 8** Seite 80

*Charlie betritt den Laden – legt das Geld auf die Theke*

**Charlie:** Eine Tafel Schokolade bitte – Wonkas Wunder-Weich-Creme-Füllung

*Verkäufer gibt Charlie Schokolade*

*Charlie schlingt die Schokolade hastig hinunter*

**Ladenbesitzer** *freundlich*: Na, das scheint dir ja zu schmecken

usw.

---

**Aufgabe 9** Seite 81

Individuell

## Training

Seite 82 – 85

**Aufgabe 1** Seite 82

Der Text besteht nicht nur aus Dialogen und Regieanweisungen, sondern ist als fortlaufende Geschichte geschrieben.

---

**Aufgabe 2** Seite 84

a)
1. Kaiser will nach Schilda reisen
2. Aufregung in Schilda –Diskussion um Bürgermeisterwahl
3. Im Schlafzimmer des Schweinehirten
4. Die Entscheidung im Rathaus

b)
1. Der Kaiser und ein Bote
2. Schuster, Bäcker, Schweinehirt, Ochsenwirt und weitere Bürger
3. Der Schweinehirt und seine Frau
4. Schuster, Hufschmied, Schweinehirt und seine Frau, zudem weitere Bürger von Schilda

c)
1. Im prunkvollen Palast des Königs
2. Ein Saal im Rathaus
3. Ein schlichtes, einfaches Schlafzimmer
4. wieder im Saal des Rathhauses

d) 1. **Kaiser**: Ich kann das nicht glauben, was über Schilda gesprochen wird. Ich werde mir den Ort einmal selbst ansehen. Bote, komm her! Sag, den Menschen in Schilda, dass ich sie besuchen möchte. Aber sag' ihnen auch, dass sie mir halb geritten und halb gegangen entgegenkommen

sollen. Wenn sich ihre Antwort auf meine Begrüßungsworte reimt, dann werde ich Schilda zur freien Reichsstadt ernennen und ihnen die Umsatzsteuer erlassen.
**Bote**: Sehr wohl, Herr Kaiser.
usw.

e) z. B.: Der König sitzt erhaben auf seinem Thron.; Der Bote kommt zögernd herein, antwortet unterwürfig.
usw.

---

**Aufgabe 3**
Seite 85

Beispiele: der König ist selbstbewusst, der Bote eher ängstlich, die Bürger sind zunächst aufgeregt und hektisch, ...

## Check

Seite 86 – 87

**Aufgabe 1**
Seite 87

Personen: Melanie Prosser, Sally-Ann Simpson, Vicky Farrant, Angus Burns, Clare Tonks/Bühnenbild: ein Schultor, an dem die drei Mädchen stehen, mit einer Straße im Vordergrund, eine Ecke (etwas abseits), an der Angus Burns steht und weiter weg der Fahrradschuppen, vor dem Clare Tonks steht → alle drei Orte müssen gleichzeitig zu sehen sein, weil die Handlung ja gleichzeitig abläuft.

---

**Aufgabe 2**
Seite 87

Melanie ist sehr selbstbewusst und lächelnd überheblich und falsch/verlogen; Sally und Vicky sind wahrscheinlich etwas hektisch; Angus ist eher ängstlich, versteckt sich vielleicht – genau wie Clare – etwas unsicher in seiner Ecke.

---

**Aufgabe 3**
Seite 87

Es wird nur das Schultor benötigt, ansonsten brauchen die Schauspieler keine Hilfsmittel; die Personen müssen wissen, wo sie stehen und welche Gefühle sie ausdrücken sollen, so ist Melanie wahrscheinlich sehr selbstsicher und verlogen, während Angus ängstlich und unsicher wirkt.

---

**Aufgabe 4**
Seite 87

Individuell; Angus' Angst muss durch seine Körperhaltung und sein ängstliches Hin- und Hergucken deutlich werden, er hat schließlich niemanden, mit dem er für den Zuschauer sichtbar über seine Gefühle spricht.

# Lösungen

# 8 Gedichte untersuchen 1

| **Kurs** | Seite 90 – 94 |
|---|---|
| **Aufgabe 1** Seite 90 | der Beginn des Frühling und somit gleichzeitig das Ende des Winters |
| **Aufgabe 2** Seite 90 | 2 Strophen mit jeweils 6 Versen, also insgesamt 12 Versen |
| **Aufgabe 3 a)** Seite 90 | Sie sind ein Befehl an den Winter wegzugehen. Sie zeigen den Wunsch, dass endlich Frühling werden soll. Die Wiederholung betont diesen Wunsch und macht ihn eindringlicher. |
| **b)** | Der Winter wird personifiziert. Wie einem Menschen wird ihm ein Befehl erteilt. |
| **Aufgabe 4** Seite 90 | Freude, Begeisterung |
| **Aufgabe 5** Seite 91 | das Eis schmilzt (V. 4), die Blumen beginnen zu wachsen (V. 5), die Bäume werden grün (V. 6) und die Vögel sind wieder zurück und singen (V. 10–12) |
| **Aufgabe 6 a)** Seite 91 | Der Sommer wird in dem Gedicht wie eine Person behandelt. |
| **b)** | „Bienenkorb als Hut" (V. 1), „Mantel aus Himmelsseide (V. 2), ein guter Bekannter der Füchse, „Bart voller Grillen" (V. 5), er singt für die Sonne und ist mit ihr befreundet |
| **Aufgabe 7** Seite 91 | 2 Strophen mit je 4 Versen, also insgesamt 8 Verse |
| **Aufgabe 8** Seite 92 | blau, rot, gelb → die Farben wirken bunt und fröhlich |
| **Aufgabe 9** Seite 92 | Beide sind miteinander befreundet. Der Sommer singt für seine Freundin, sie kocht für ihn. |
| **Aufgabe 10** Seite 92 | Individuell, z. B. Herr Herbst. Peter Hacks gab seinem Gedicht den Titel „Der Herbst auf der Leiter". |
| **Aufgabe 11** Seite 92 | 4 Strophen mit je 4 Versen, also insgesamt 16 Verse |
| **Aufgabe 12** Seite 92 | der Herbst (V. 1–8) und die Tanne (V. 9–12) |
| **Aufgabe 13 a)** Seite 93 | Der Herbst ist lustig und froh (V. 3–4), gleichzeitig ist er fleißig (V. 5). |
| **b)** | Der Herbst erscheint fröhlich und lustig (V. 3–4). Auch das Fallen der Blätter wird als „munter" beschrieben (V. 13). |
| **Aufgabe 14** Seite 93 | Alle Bäume verändern im Herbst ihre Farbe, werden also vom Herbst „gefärbt". Nur die Tanne bleibt das ganze Jahr über grün. |
| **Aufgabe 15** Seite 93 | Alles ist hell und weiß. Die Natur wirkt sehr ruhig und beschaulich. |

**Aufgabe 16** Seite 94

V. 4: Hell wie Kristall
letzter Vers: Wie leichter Blütenregen

---

**Aufgabe 17** Seite 94

grauer Himmel wie ein Ungeheuer, ein Weihnachtsbaum wie ein Sternenhimmel, …

---

**Aufgabe 18** Seite 94

Individuell. Vorschlag:
Grau wie der Umhang meiner Großmutter
Kalt wie ein Schneeball im Nacken
usw.

## Training

Seite 95 – 97

**Aufgabe 1** Seite 95

Die Stadt ist in den ersten beiden Strophen grau und trostlos. Man hört nichts außer dem Brausen des Meeres.

---

**Aufgabe 2** Seite 95

In der dritten Strophe wird dann aber eine tiefe Liebe zu dieser Stadt deutlich. Die Stadt erinnert ihn an eine schöne Jugend und lässt ihn lächeln (V. 13 f.).

---

**Aufgabe 3** Seite 96

Die Sätze sind unvollständig, es ist nur eine Aufzählung von Gegenständen und Tätigkeiten, die dem Dichter Vergnügen bereiten.

---

**Aufgabe 4** Seite 96

Individuell. Vorschlag:

**Mein Gedicht: Vergnügen**
Das lange Ausschlafen in den Sommerferien.
Der wiedergefundene alte Teddybär
Laute Musik
Sonne und der Gang ins Freibad
Mein Tagebuch
Die kleinen Katzen im Korb
Sportunterricht
Badewanne, Badminton
Der neue Kinofilm mit meiner Freundin
Die schwarze Jeans
Naschen
Meine tägliche Serie am Abend
Tanzen und Karaoke singen
Reiten
Singen
Lustig sein.

---

**Aufgabe 5** Seite 97

3 Strophen mit je 4 Versen, also insgesamt 12 Verse

---

**Aufgabe 6** Seite 97

Vergleiche: V. 2; Personifikationen: V. 6, V. 12

---

**Aufgabe 7** Seite 97

Das Ich sieht den blauen Himmel, die Zweige, die sich bewegen, einen Schmetterling und Käfer.

---

**Aufgabe 8** Seite 97

Es fühlt den Wind in den Haaren und die Strahlen der Sonne (V. 11–12), also die Wärme auf der Haut.

## Check

Seite 98 – 101

**Aufgabe 1** Seite 100

a) der Zauberlehrling

b) Das Ich verzaubert den Besen, damit er Wasser holen geht.

c) Es will zunächst den Zauber lösen („Stehe! Stehe!"), dann spaltet es den Besen mit einem Beil in zwei Teile.

d) Es handelt sich um die wörtliche Rede des Meisters.

---

**Aufgabe 2** Seite 101

14 Strophen mit abwechselnd 8 und 6 Versen, insgesamt sind es 98 Verse.

---

**Aufgabe 3** Seite 101

Sie drücken die steigende Angst des Lehrlings aus.

---

**Aufgabe 4** Seite 101

Er wird seine Zaubersprüche nicht mehr einfach ausprobieren. Er ist vorsichtiger.

---

**Aufgabe 5** Seite 101

Vgl. Wissensteil

## Kurs Seite 104 – 106

**Aufgabe 2** Seite 104

a) z. B. Ameisen – reisen

b) a a b b c c

c) Paarreim

---

**Aufgabe 3** Seite 104

a) –

b) Die erste Silbe ist nicht betont, dann folgt eine betonte, dann im Wechsel unbetont/betont.

c) Jambus

---

**Aufgabe 4** Seite 104

Altona ist ein Stadtteil von Hamburg. Die beiden Ameisen sind also nicht einmal aus ihrer Stadt herausgekommen, obwohl sie eigentlich bis nach Australien wollten.

---

**Aufgabe 5** Seite 104

Es schienen so golden die Sterne,
Am Fenster ich einsam stand
Und hörte aus weiter Ferne
Ein Posthorn im stillen Land.
Das Herz mir im Leibe entbrennte,
da hab' ich mir heimlich gedacht:
Ach, wer da mitreisen könnte
In der prächtigen Sommernacht!

---

**Aufgabe 6** Seite 105

x x́ x x x́ x x x́ x
x x́ x x x́ x x́
x x́ x x x́ x x́ x
x x́ x x x́ x x́
x x́ x x x́ x x x́ x
x x́ x x x́ x x x́
x x́ x x́ x x x́ x
x x x́ x x x́ x x

Daktylus und Trochäus, die erste Silbe in jedem Vers ist aber nicht betont.

---

**Aufgabe 7** Seite 105

Vielleicht hast du auch schon einmal so eine hektische und anstrengende Fahrt durch den Stau in den Urlaub erlebt.

---

**Aufgabe 8** Seite 105

4 Strophen mit je 4 Versen, also insgesamt 16 Verse

---

**Aufgabe 9** Seite 106

x́ x x́ x x́ x x x
x́ x x́ x x́ x x x
x́ x x́ x x́ x x́ x
x́ x x́ x x́ x x́ x

Paarreim

---

**Aufgabe 11** Seite 106

Alle Wörter sind kleingeschrieben, es fehlen alle Satzzeichen.

# Lösungen

# 9 Gedichte untersuchen 2

## Training

Seite 107 – 111

**Aufgabe 2**
Seite 107

a – a – a – b – b – c – d – d – e – e – f – f – f

---

**Aufgabe 3**
Seite 107

x x́ x x́
x x́ x x́
x x́ x x́
x x́ x x́
x x́ x x́
x x́ x x́
x x́ x x́
x x́ x x́
x x́ x x́
x x́ x x́
x x́ x x́
x x́ x x́
x x́ x x́ x x́ x x́

Jambus

---

**Aufgabe 4**
Seite 107

Vielleicht, um jemanden zu verhexen.

---

**Aufgabe 5**
Seite 108

Spinne (Spion, davon nur die ersten drei Buchstaben; von nichts den Anfang, also das n; von Sinns die Mitte ist ein n; der Laut ist ein „e")

---

**Aufgabe 6**
Seite 108

10 Verse in 4 unterschiedlich langen Strophen

---

**Aufgabe 7**
Seite 108

a – a – b – b, ein teils nicht ganz reiner Paarreim

---

**Aufgabe 8**
Seite 108

x x́ x x x́ x x x́ x x́
x x x́ x x x́ x x́ x x x́
x x́ x x́ x x́ x x́ x
x́ x x x́ x x x́ x x x́ x

x x́ x x x́ x x x́ x x́
x x́ x x x́ x x x́ x x x́
usw.

unregelmäßiger Daktylus mit unbetontem Auftakt

---

**Aufgabe 9**
Seite 108

Es klingt noch rätselhafter und mystischer.

---

**Aufgabe 10**
Seite 109

Zwei Jungen werden von einem Zauberer auf die Bühne geholt, er lässt sie verschwinden. Allerdings hat er sie in Wahrheit in ein Loch im Boden versenkt. Die beiden warten aber nicht, dass der Zauberer sie wieder hervorholt, sondern laufen weg. Der Zauberer ist sehr erschrocken, als es ihm nicht gelingt, die Jungen wieder herbeizuzaubern.

**Aufgabe 11**
Seite 109

6 Strophen mit 3 bis 6 Versen, insgesamt mit 25 Versen, Reimschema: Paarreim (außer Vers 3), in den letzten beiden Versen etwas „unrein"

---

**Aufgabe 12**
Seite 109

x x́ x x́ x x́ x x́
x x́ x x́ x x́ x x́
x x́ x x́ x x́
x x́ x
x x́ x x́ x x́ x x́ x

x x́ x x́ x x́ x x́
x x́ x x́ x x́ x x́
x x́ x x́ x x́ x x́
x x́ x x́ x x́ x x́
usw.

Jambus

---

**Aufgabe 13**
Seite 109

Es ist jeweils eine kleine Pause, um die Spannung zu heben. Der erste und dritte Gedankenstrich zeigen dabei die Pausen, die der Zauberer auf der Bühne gemacht hat, auf.

---

**Aufgabe 14**
Seite 110

a – a – b – c – c – b; Schweifreim.

x x́ x
x x́ x
x x́ x x x́
x x́ x x x́ x
x x́ x x x́ x
x x́ x x x́
usw.

Versmaß: Daktylus, die erste Silbe in jedem Vers ist aber nicht betont, der Daktylus beginnt also erst auf der zweiten Silbe (unbetonter Auftakt)

---

**Aufgabe 15**
Seite 111

a – b – a – a – b

x x́ x x́ x x́ x x́
x x́ x x́ x x́
x x́ x x́ x x́ x x́
x x́ x x́ x x́ x x́
x x́ x x́ x x́

Versmaß: Jambus

---

**Aufgabe 16**
Seite 111

Die Stadt wird sehr ruhig und beschaulich beschrieben, dazu passen ein regelmäßiger Reim und Rhythmus.

# Lösungen 9 Gedichte untersuchen 2

## Check

Seite 112 – 114

| | |
|---|---|
| **Aufgabe 2**<br>Seite 113 | V. 8: Junge, willst du eine Birne; V. 9 f.: Junges Mädchen, komm mal rüber, ich habe eine Birne; V. 22: Er ist nun tot. Wer gibt uns nun eine Birne? |
| **Aufgabe 3**<br>Seite 113 | Damit auf dem Grab ein Birnbaum wächst, an dem sich die Kinder bedienen können. |
| **Aufgabe 4**<br>Seite 113 | Verszahl: 42, Strophen: 5, Reimschema: Paarreim |
| **Aufgabe 5**<br>Seite 113 | Beispiele: ’ne = eine; Birn = Birne<br><br>x x́ x x́ x x́ x x́<br>x x́ x x x́ x x́ x x́<br>x x́ x x́ x x́ x x́<br>x x x́ x x́ x x x́ x x́<br>x x́ x x x́ x x x́ x x́<br>x x x́ x x́ x x́ x x<br>x x́ x x x́ x x x́ x x x́<br>x x́ x x́ x x́ x x x́<br>x x́ x x́ x x x́ x x x́<br>x x x́ x x x́ x x́<br><br>usw. |
| **Aufgabe 6**<br>Seite 113 | Manchmal etwas unregelmäßiger Jambus |

## Kurs

Seite 118 – 121

**Aufgabe 1 a)** Seite 118 f.
An Zigarettenautomaten kann man nur noch mit einer Geldkarte bezahlen, damit Jugendliche dort nicht kaufen können.

**b)** um die Gesundheit der Jugendlichen zu schützen

**c)** Menschenrechte gelten für alle Menschen, Bürgerrechte nur für die Bürger des Landes, z. B. für alle Deutschen

**d)** die Grundrechte und die Einteilung Deutschlands in Bundesländer

**e)** Damit das Zusammenleben reibungslos läuft.

---

**Aufgabe 2** Seite 119
Der Autor berichtet Tatsachen, beschreibt und erklärt die Wirklichkeit. Er erfindet nichts, sondern gibt Informationen über die Welt.

---

**Aufgabe 3** Seite 119
Neues Gesetz – Schutz statt Freiheit – Grundrechte – Unveränderbarkeit der Grundrechte – Warum Gesetze

---

**Aufgabe 5** Seite 120
Der Text ist ein Sachtext, weil er Tatsachen beschreibt. Der Text will informieren.

---

**Aufgabe 6 a), b) und c)** Seite 120

**Ein Gläschen Sekt – der Staat trinkt mit. Wozu sind Steuern gut?**

(Abschnitt 1)
Wenn es ums Geldverdienen geht, waren die Menschen schon immer erfinderisch. Auch der Staat lässt sich einiges einfallen, um an das Geld heranzukommen. Mit fast 40 verschiedenen Steuern füllt er seine Kassen.

(Abschnitt 2)
Der Finanzminister freut sich über jeden Euro, den eure Eltern verdienen. Weil er davon Lohn- und Einkommenssteuer bekommt. Aber nicht jeder muss gleich viel Steuern zahlen: Wer viel verdient, zahlt mehr als jemand, dessen Einkommen gerade für das Nötigste reicht. Es macht ja keinen Sinn, davon viel abzuziehen, wenn der Staat diese Menschen dann wieder unterstützen müsste. Fast 40 Prozent aller Steuern kommen aus Löhnen und Gehältern.

Den zweitgrößten Brocken macht die Umsatzsteuer aus. Wir zahlen sie auf alles, was wir kaufen. Sie wird auch Mehrwertsteuer genannt, weil damit sozusagen alles besteuert wird, womit eine Ware durch ihre Herstellung und den Verkauf an Wert gewonnen hat.

Die dritte Steuer, die das Staatssäckel ordentlich füllt, ist die Mineralölsteuer, die für jeden Liter Benzin und jeden Liter Heizöl fällig ist.

(Abschnitt 3)
An ihr zeigt sich, dass Steuern auch eine „Ordnungsfunktion" haben können: Wer viel Benzin verbraucht, zahlt mehr, weil er die Umwelt mehr belastet. Und wer viel fährt, nutzt auch die Straßen mehr ab. Auch Raucher kassiert der Staat gerne ab, weil Tabak schädlich ist. Allein im Jahr 2003 hat der Staat über 14 Milliarden Euro Tabaksteuer verdient! Das ist fast viermal so viel, wie die Schaumwein- (Sekt), Branntwein- und Biersteuer zusammen einbrachten.

Aus: Christine Schulz-Reiss: Nachgefragt: Politik. Basiswissen zum Mitreden. Bindlach 2005. S. 26 und 90.

**Aufgabe 7** Seite 120 f.

a) Steuern

b) weil sie dann hohe Steuern zahlen müssen

c) die Steuer, die beim Kauf von Öl (ob für das Auto oder die Heizung) fällig wird

d) er verschmutzt die Umwelt stärker

e) fast 200 Euro

## Training

Seite 122 – 124

**Aufgabe 2** Seite 122

**Der Hund**

Der Hund, bekannt als unser ältestes Haustier, war bereits vor tausenden von Jahren ein vom Wolf abstammender Jagdbegleiter. Sein feines Gehör und sein ausgeprägter Geruchssinn waren dem Menschen schon damals sehr hilfreich. Heute sprechen wir jedoch vom „besten Freund des Menschen" und können ihn in kleinen Gruppen oder auch einzeln halten. Beachtet aber, je weniger Platz für ihn vorhanden ist, oder je kleiner eure Wohnung ist, desto kleiner sollte auch euer Hund sein.

Wenn ihr einen Welpen möchtet, sollte er mindestens 10 bis 12 Wochen alt sein, da ist er von seiner Mutter entwöhnt und konnte zusammen mit seinen Geschwistern Selbstvertrauen entwickeln. Sollte eure Wahl jedoch auf einen nicht mehr ganz jungen Hund fallen, wird auch er sich sehr schnell an euch gewöhnen. Schaut doch einfach mit euren Eltern mal in einem Tierheim vorbei, dort findet ihr sicher ganz viele, die sich nach einem neuen, glücklichen Zuhause sehnen. Ihr solltet euch darüber im Klaren sein, dass ihr mit einem Hund eine sehr große Verantwortung übernehmt. Seine Menschenfamilie ersetzt ihm sein Rudel, hier gelten gewisse Regeln, die beide befolgen müssen, das heißt ihr und euer Hund, schließlich seit ihr für ihn sein Rudelführer.

In der Wohnung braucht er seinen festen Platz wo er schlafen kann. Er soll sich dort zurückziehen können und immer freien Zugang dazu haben. Je nach Beschaffenheit des Bodens, braucht er einen Korb, Matte oder eine Decke. Bei kaltem Steinboden könnte er krank werden und eine Blasen- oder Nierenentzündung bekommen. Wenn er sich auf seinen Ruheplatz zurückzieht, möchte er weder spielen noch gestreichelt werden. Er möchte seine Ruhe. Es ist ganz wichtig, dass ihr dies respektiert.

Bei der Ernährung eures Hundes ist vor allem wichtig, dass ihr ihm nicht euer übrig gebliebenes Mittagessen füttert! Er braucht seine eigene Mahlzeit, aus seinem eigenen Futternapf, das aus gutem Fertigfutter, etwas gekochtem Gemüse (Mohrrüben) und Obst bestehen kann. Verachtet er Gemüse oder Obst, braucht ihr euch keine Sorgen machen, bei qualitativ gutem Fertigfutter erhält er auch genügend Nährstoffe. Seine erste Mahlzeit kann morgens erfolgen, anschließend noch einmal am Nachmittag. Zum Trinken braucht er frisches Wasser, angeboten in einem extra Napf und immer ausreichend vorhanden. Dies solltet ihr ihm nicht als Futter geben: Kein rohes Fleisch (kann zu tollwutähnlicher Krankheit führen), keine Knochen (können zu Verstopfung führen), keine Tischabfälle wie Fischreste mit Gräten (Erstickungsgefahr), keine Süßigkeiten und keine Milch (wird von den meisten Hunden nicht vertragen).

Damit euer Hund ein glückliches Hundeleben hat, ist es wichtig, dass er sehr viel Auslauf bekommt. Bekannt als Lauftier, will er täglich lange Strecken zurücklegen können. Hierfür benötigt ihr ein Halsband oder besser ein Hundegeschirr und eine Leine und vor allem aber müsst ihr genügend Zeit für ihn haben. Im besten Fall kann er selbständig von der Wohnung in einen großen Garten. Aber auch ein Garten ersetzt auf gar keinen Fall den täglichen Spaziergang. Beim Spazierengehen schnüffelt er viel am Boden und an den Bäumen. Hier haben bereits andere Hunde ihre Duftmarken hinterlassen. Der sehr feine Geruchssinn macht es möglich, dass euer Hund diese Botschaften entschlüsseln kann. Er weiß also ganz genau, wann ein anderer Hund an dergleichen Stelle war. Ein Hund braucht auch Hundefreunde um zufrieden zu sein. Ihr lernt sicher bei Euren Spaziergängen andere Hundehalter kennen. Die Hunde sollten sich vertragen. Vielleicht spielen sie sogar miteinander. Wenn dies der Fall ist, solltet ihr euch regelmäßig für gemeinsame Spaziergänge verabreden.

Damit euer Hund sein „großes" und „kleines" Geschäft erledigen kann, müsst ihr mindestens viermal mit ihm raus. Wenn es soweit ist, bemerkt ihr dies an seinem Verhalten, er schnüffelt mit gesenktem Kopf am Boden und sucht nach einem „Plätzchen". Vermeiden solltet ihr aber bitte Kinderspielplätze mit Sandkasten(unhygienisch). Um keine Ärgernisse bei andern Menschen hervorzurufen, solltet ihr die Hinterlassenschaften einfach mit einer Tüte aufnehmen und im nächsten Abfalleimer entsorgen.

Das gemeinsames Ziel sollte ein harmonisches Zusammenleben sein. Um dies zu erreichen, sollte euer Hund ein paar Grundbegriffe des Gehorsams befolgen können wie zum Beispiel „Komm", „Sitz", „Platz" „Bleib". Um ihm das Lernen solcher Befehle zu erleichtern ist es wichtig, dass ihr immer die gleichen Begriffe verwendet. Vor allem solltet ihr ihn viel loben, streicheln oder mit Hundekuchen verwöhnen wenn er folgsam war. Bringt aber ausreichend Geduld mit und überfordert ihn nicht. Vielleicht besucht ihr auch einen Hundeerziehungskurs. Mit einem Hund kannst du sehr viel Freude erleben, er ist sehr sensibel und zeigt anhand seines Gesichtsausdrucks, seiner Augen, seinen Lefzen, seiner Ohren und vor allem seiner Rute, seine Hundelaune.

Aus: www.jugendtierschutz.de / 2221.html vom 24.07.2009

- **Der beste Freund des Menschen**
- **Auslauf**
- **Das tägliche Geschäft**
- **Grundbegriffe des Gehorsams**

---

**Aufgabe 3**
Seite 123

die Größe des Hundes muss zur Wohnungsgröße passen – ein Platz muss für ihn eingerichtet sein – sie muss einen Korb oder eine Matte kaufen – sie muss ein Halsband und eine Leine kaufen

---

**Aufgabe 4**
Seite 123

füttern – Wasser geben – Gassi gehen (4mal am Tag) – „Hinterlassenschaften" entsorgen

---

**Aufgabe 5**
Seite 123

nicht ausreichend Platz in der Wohnung – kein eigener Platz und keine Matte für den Hund – falsche Ernährung (z. B. Süßigkeiten) – zu wenig Auslauf – „Hinterlassenschaften" nicht entsorgen – keine Erziehung für den Hund – keine Geduld bei der Erziehung

---

**Aufgabe 6**
Seite 124

Der Text ist kein Sachtext mit Informationen, sondern ein fiktionaler Text, in dem von einem „erfunden" Hund berichtet wird. Es handelt sich um eine Erzählung.

## Check

Seite 125 – 126

**Aufgabe 2**
Seite 125

1. Einteilen in Sinnabschnitte
2. Den Sinnabschnitten Überschriften geben
3. Schlüsselbegriffe markieren.
4. Wichtige Textstellen unterstreichen.

---

**Aufgabe 3**
Seite 125

**Herz – Der Muskel fürs Leben**

Aktueller Fall

„Zwei Herzen schlagen in meiner Brust!" – Dieses Zitat aus Goethes Faust ist fast zur Redewendung geworden und bedeutet eigentlich, dass sich jemand nicht wirklich entscheiden kann, was er will. Hannah Clark aus England konnte viele Jahre lang diesen Satz sagen und er stimmte ganz wortwörtlich: Sie hatte nämlich zwei Herzen in ihrer Brust. Durch eine so genannte „Huckepack-Operation" hat sie als kleines Mädchen ein zweites Herz eingepflanzt bekommen, weil ihr eigenes nicht stark genug war. (...)

Die Arbeitsleistung des Herzens

Ein menschliches Herz ist ungefähr so groß wie eine Faust und wiegt ein bisschen mehr als ein Päckchen Butter. Täglich schlägt es über 100.000 Mal und pumpt dabei die ungefähr fünf Liter Blut, die jeder Mensch hat, 1.500 Mal im Kreis herum.

Der Bau des Herzens

Dein Herz ist hohl. Innen drin sind vier Kammern, zwei Hauptkammern und zwei Vorkammern. Die linke Hälfte des Herzens pumpt das Blut in den Körper. Bei jedem Herzschlag pumpt es ungefähr 70 Milliliter Blut in die Aorta. In der Stunde passieren also 10 Liter Blut das Herz. Das verbrauchte Blut kommt aus dem Körper zurück ins Herz. Und zwar in die rechte Hälfte und die pumpt es in den Lungenkreislauf, wo es mit frischem Sauerstoff angereichert wird.

Die Funktionsweise

Das Blut fließt also immer nur in eine Richtung in den Adern. Dafür sorgen auch die Herzklappen – die funktionieren wie ein Ventil: Wenn das Herz einen Schwung Blut rausgepumpt hat, schließen sich die Klappen wieder, damit das Blut nicht wieder zurückfließt. Bei jedem Herzschlag öffnen und schließen sich also die Herzklappen. Das heißt, am Tag öffnen sie sich ungefähr 115.200 Mal. Im Jahr macht das ungefähr 42 Millionen Mal und wenn jemand 80 Jahre alt ist, haben sich dessen Herzklappen schon **3.363.840.000 Mal** geöffnet und geschlossen.

Du willst die Kraft spüren, mit der das Herz das Blut durch die Adern jagt? Dann leg mal den Finger an dein Handgelenk oder an den Hals – hier kannst du den Pulsschlag spüren.

Operationen am Herzen

Heute werden viele Menschen am Herzen operiert. Für viele dieser Eingriffe muss nicht einmal mehr der Brustkorb des Patienten geöffnet werden. Durch kleine Löcher werden die Instrumente und eine Kamera eingeführt. Darüber können die Ärzte ins Innere sehen und operieren den Kranken über den Monitor.

Bei manchen Herzkrankheiten hilft auch keine Operation mehr. Was die Patienten dann brauchen, ist ein neues Herz, ein „Spenderherz". In Deutschland warten über 500 Menschen auf ein neues Herz. Natürlich brauchen auch alle anderen Menschen ihr Herz. Man kann es also erst entnehmen, wenn ein anderer Mensch für „hirntot" erklärt wurde. Das bedeutet, dass seine Organe wie Herz, Lunge oder Leber dieses Patienten zwar noch funktionieren, aber sein Gehirn nicht mehr. Wenn die Ärzte schnell genug sind und der Patient vor seinem Tod eingewilligt hat, kann man ihm oder ihr die Organe entnehmen und anderen Menschen einpflanzen.

Tina Gentner

Aus: www.br-online.de/kinder/fragen-verstehen/klaro/lupe/2009/02682/ vom 28.07.2009

**Aufgabe 4**
Seite 126

| Zahl | Bedeutung |
|---|---|
| 100.000 | Tägliches Schlagen des Herzens |
| 5 l | Blut eines Menschen |
| 1.500 | Anzahl, die das Blut am Tag im Kreis läuft |
| 70 ml | Menge, die pro Herzschlag gepumpt wird |
| 10 l | Blutmenge, die am Tag durch das Herz wandert |